AF368869

DISTANCE DU CENTRE DE LA LUNE AU SOLEIL ET AUX ÉTOILES.

Jours.	Étoiles occidental.	À 12 HEURES. D. M. S.	À 15 HEURES. D. M. S.	À 18 HEURES. D. M. S.	À 21 HEURES. D. M. S.
1	Soleil.	98. 51. 48	100. 14. 53	101. 38. 11	103. 1. 40
2		110. 2. 22	111. 27. 15	112. 52. 33	114. 17. 47
3		121. 29. 5			
1	Aldé-baran.	63. 56. 22	65. 25. 8	66. 54. 7	68. 23. 21
2		75. 53. 12			
2	Pollux.	31. 55. 29	33. 27. 35	34. 59. 58	36. 32. 38
3		44. 20. 20	45. 54. 49	47. 29. 37	49. 4. 45
4		57. 5. 41			
4	Régulus	20. 32. 38	22. 8. 55	23. 45. 39	25. 22. 52
5		33. 35. 38	35. 15. 27	36. 55. 41	38. 36. 18
6		47. 5. 24	48. 48. 22	50. 31. 41	52. 15. 22
7		60. 58. 58	62. 44. 40	64. 30. 40	66. 16. 57
8		75. 12. 27			
8	Épi de la m.	31. 9. 28	22. 57. 21	24. 45. 28	26. 33. 49
9		35. 38. 9	37. 28. 28	39. 16. 53	41. 6. 23
10		50. 14. 59	52. 4. 49	53. 54. 38	55. 44. 27
11		64. 52. 58	66. 42. 28	68. 31. 53	70. 21. 12
12		79. 26. 3			
12	Antarès.	33. 32. 4	35. 20. 38	37. 9. 2	38. 57. 15
13		47. 55. 41	49. 42. 48	51. 29. 43	53. 16. 26
14		62. 6. 49	63. 52. 14	65. 37. 24	67. 22. 22
15		76. 3. 50	77. 47. 27	79. 30. 51	81. 14. 0
16		89. 46. 28	91. 28. 19	93. 9. 53	94. 51. 18
17		103. 14. 56			
17	α de l'Aigle.	58. 2. 43	59. 18. 11	60. 34. 12	61. 50. 42
18		68. 19. 23	69. 38. 1	70. 56. 52	72. 15. 55
19		78. 52. 51	80. 12. 23	81. 31. 53	82. 51. 23
20		89. 27. 44			
25	Soleil.	. . . .	. . . .	39. 10. 36	40. 31. 58
26		47. 18. 7	48. 35. 15	50. 0. 22	51. 21. 27
27		58. 7. 6	59. 28. 16	60. 49. 29	62. 10. 47
28		68. 58. 8	70. 19. 52	71. 41. 42	73. 3. 40
29		79. 55. 32	81. 18. 22	82. 41. 24	84. 4. 38
30		91. 3. 57	92. 28. 31	93. 53. 20	95. 18. 25

ÉLÉMENS

D'ÉQUITATION MILITAIRE.

ÉLÉMENS

D'ÉQUITATION

MILITAIRE;

Ouvrage *utile aux jeunes gens qui veulent cultiver cet art, et particulièrement à ceux qui se destinent à remplir les fonctions d'Instructeurs.*

Par le Citoyen ROY, ancien Adjudant au régiment des Cuirassiers, aujourd'hui 8.e de cavalerie.

Equus paratur in diem belli.
PROV. cap. XXI.

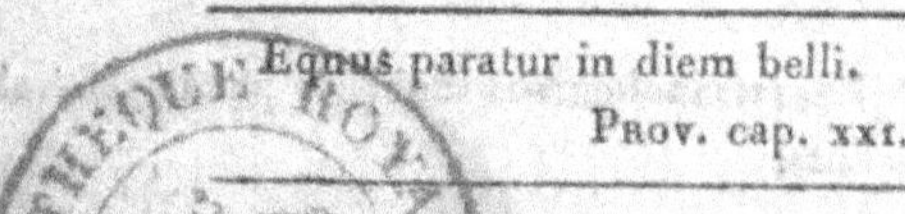

PARIS,

Chez DUPRAT, libraire, quai des Augustins.

AN. VIII.

Extrait *du rapport du général Kellermann au Ministre de la guerre sur l'ouvrage du C.^en Roy, intitulé* Élémens d'équitation militaire.

Ce manuscrit me paroît mériter l'attention du Ministre : à cela près de quelques retranchemens que j'ai indiqués *, il pourrait être imprimé pour servir de manuel aux instructeurs.

L'inspecteur général de la cavalerie,
Signé Kellermann.

---

* Les retranchemens indiqués par le général ont été faits.

AVANT-PROPOS.

L'ouvrage que je soumets aujourd'hui au public, et particulièrement à ceux qui aiment l'équitation militaire, renferme la définition et les préceptes de cet art utile et nécessaire. L'ayant étudié dès ma jeunesse, j'ai cru que mes anciens frères d'armes verraient avec plaisir réunies, comme dans un tableau, mes observations, qui, soit qu'elles leur soient échappées, soit qu'ils les aient faites eux-mêmes, n'en contribueront pas moins à la conservation et aux progrès de l'art.

Si la République n'avait point à regretter la perte de tant d'hommes instruits qui ont scellé de leur sang leur attachement pour elle, je me serais peut-être tenu davantage en garde contre le zèle qui m'animait ; mais le vide que ces hommes généreux ont laissé pour l'instruction, la nécessité où les émules de leur gloire sont encore de travailler à la défense de la patrie sans pouvoir se livrer au plaisir de former des élèves, le peu de ressource que présente l'Ordonnance à ceux qui seraient charmés de s'instruire, en un mot le défaut d'ouvrages sur le manége de guerre, sont autant de considérations qui m'ont porté à une entreprise peut-être au-dessus de mes forces, et inexcusable sans doute, si ce n'était un devoir pour quiconque aime sincèrement son pays, de lui offrir le repos même auquel il est condamné. Puissé-je

encore ici devenir utile à l'armée
que j'affectionnerai toujours ; car,
je ne le dissimule pas , c'est principalement pour l'homme que son
goût porte à l'équitation militaire,
que j'ai réuni et combiné les différens principes qui m'ont paru pouvoir s'appliquer à l'instruction,
à l'égard soit des hommes , soit
des chevaux , en les diversifiant
toujours selon leur différente nature. Si, comme je m'en flatte, il
peut faire de justes applications de
cet ouvrage et conduire promptement ses élèves au degré de perfection qu'il se propose pour objet,
j'aurai déjà obtenu la plus douce
récompense de mon travail.

Quand j'avance que nous man-
quons d'ouvrages sur l'équitation,
ce n'est pas que plusieurs auteurs
n'en aient traité et ne nous aient

donné des réflexions aussi profon-
des que judicieuses ; mais en s'attachant presque tous aux préceptes
de l'école, ils ont négligé de descendre dans les détails de l'instruction militaire ; ou si quelques-uns
d'entre eux s'en sont occupés, ils
n'ont fait qu'indiquer les principes
généraux, et pour ainsi dire qu'ef-
fleurer la matière.

Pour l'Ordonnance actuelle, les
principes de l'instruction à cheval
qu'elle contient, sont, j'ose le dire,
impraticables ; l'homme qui possède le mieux son art, trouve dans
cette Ordonnance tant d'innova-
tions, sur-tout dans les termes les
plus consacrés par l'usage, qu'il
semble que l'on ait voulu faire une
nouvelle langue pour l'équitation:
j'invoque, à cet égard, le témoi-
gnage de tous les militaires ins-

truits ; ils n'hésiteront pas de dire
que les longueurs auxquelles elle
assujettit les élèves, retardent plutôt qu'ils ne hâtent la marche de
leur instruction. La multitude des
leçons qu'elle exige, sont extraor-
dinairement difficiles à suivre ; et
le cavalier qui, après avoir successivement passé par tous ces degrés,
s'imagine savoir quelque chose,
ne sait le plus souvent que conduire machinalement son cheval.

Cependant, quel but doit-on se
proposer dans un plan d'instruction, sinon de mettre, par des
moyens simples et faciles, un élève
à même d'être promptement rangé
au nombre des anciens cavaliers ?
Pourra-t-on se flatter d'y réussir,
quand des leçons seront chargées
de détails aussi longs qu'inutiles ?
Non, sans doute. L'homme de

cheval ne doit être entretenu que de ce qui peut tendre aux progrès de son instruction.

Je ne sais si dans l'ouvrage que je mets au jour, j'ai évité les défauts qui m'ont frappé dans les autres, et dont j'ai cherché soigneusement à me garantir ; mais j'ai du moins la confiance qu'on y trouvera des observations utiles, fruits d'une étude réfléchie et d'une longue pratique. Souvent, lorsque j'aurais pu m'abandonner à m'on expérience, je n'ai pas dédaigné de consulter les plus versés dans la science que je traite, ni de faire mon profit des vérités importantes que j'ai reconnues dans leurs ouvrages ; j'en ai, je l'avoue, quelquefois embelli le mien.

En un mot, j'ai tâché d'avoir par-tout cette précision et cette

clarté qui plaisent particulièrement au militaire; la division que
j'ai adoptée, m'a semblé la plus
naturelle, et par conséquent la
plus convenable pour parvenir sûrement à mon but. Avant de commencer l'instruction comme je la
conçois et la propose, il m'a paru
indispensable de faire connaître
tout ce qui est relatif à l'équitation
militaire; et c'est en effet ce que
j'ai essayé d'exposer. Je divise ensuite le reste de mon ouvrage en
trois leçons principales : la première comprend le travail des cavaliers à la longe, les chevaux
sellés et en bridon; la seconde,
le travail des cavaliers au large,
sans étriers et les chevaux en bridon ; dans la troisième, les cavaliers travaillent avec les étriers et
les chevaux bridés; enfin, quelques

réflexions sur les principes d'alignement et les conversions. Je terminerai mon entreprise en donnant pour les instructeurs la course des têtes et la démonstration de quelques évolutions d'agrément.

ÉLÉMENS
D'ÉQUITATION MILITAIRE.

PREMIÈRE PARTIE.

Des Instructeurs.

CHAPITRE PREMIER.

Du choix des Instructeurs.

LES hommes que l'on se propose de former pour en faire des instructeurs, doivent être choisis parmi ceux de vingt à vingt-cinq ans. Qu'ils soient doués d'intelligence, de bonne volonté, de patience, de douceur et de mémoire ; qu'ils aient de la hardiesse, de la voix et le coup-d'œil juste et rapide.

Toutes ou presque toutes ces qualités sont indispensables à l'homme qui veut devenir instructeur distingué. Je dois démontrer combien elles lui sont essentielles, et que celui qui ne les possède pas, reste presque toujours dans la classe de la médiocrité.

Vingt à vingt-cinq ans, c'est l'âge où d'ordinaire l'homme a reçu de la nature toute la force physique et morale qu'elle lui a réservée ; c'est celui auquel on peut exiger davantage de ses facultés.

L'intelligence est d'autant plus nécessaire, que, sans elle, le travail le plus suivi, la volonté la mieux soutenue, échouent, et la leçon que l'on donne ou que l'on reçoit reste sans fruit.

La patience et la douceur sont des qualités qui doivent particulièrement distinguer un instructeur ; et de toutes celles dont il a besoin, nulle ne sera mise plus souvent à l'épreuve par les hommes et par les chevaux. S'il manque

de ces qualités précieuses , il ne fera ,
je ne crains pas de l'avancer , que des
hommes durs , qui , prenant la force
ou l'emportement pour des moyens
prompts et sûrs , donneront des vices
aux chevaux plutôt qu'ils ne les corri-
geront. On persuade par la douceur ;
on obtient par la patience : c'est le
but que doit se proposer l'instructeur.

Il faut de la *hardiesse* : par ce mot ,
je n'entends point parler de cette té-
mérité imprudente qui expose si souvent un cavalier aux plus grands dangers , mais de cette assurance mâle
qui porte avec elle l'empreinte du
courage et de la prudence ; qui fait
qu'il ne monte certains chevaux qu'autant qu'il est sûr de les dompter , en
suivant les règles principales de l'art.

Quant à *la mémoire* , je ne crois
pas devoir en parler, parce qu'il n'est
personne qui ne sente combien elle
est nécessaire dans toutes les circons-

tances de la vie ; et sur-tout lorsqu'il s'agit d'apprendre ou d'enseigner les détails immenses de l'équitation.

La voix est un don qui lui sert infiniment ; il faut qu'elle soit grave, étendue et sonore : c'est ce son de voix qui, dans les commandemens, fixe l'attention des hommes, oblige au silence, encourage, raffermit et amène à l'obéissance.

Je veux de la justesse et de la rapidité dans le coup-d'œil, et c'est avec raison : en effet, un instructeur doit voir en grand ; c'est à lui à surveiller les hommes et les chevaux ; leur tenue, leurs défauts, rien ne doit lui échapper. Que pour acquérir ce coup-d'œil rapide et précis, il mette donc tout en usage ; qu'il secoue cette incertitude qui rendrait ses talens douteux, l'embarrasserait dans ses manœuvres, et ferait que leur exécution serait presque toujours fautive.

CHAPITRE II.

*Devoir des Instructeurs , et connais-
sances qu'ils doivent avoir.*

Avec les connaissances que je viens
de décrire, il sera bien facile aux instructeurs de remplir leur devoir.

Toutes les fois qu'un instructeur
est arrivé au lieu de son instruction ,
il doit faire l'inspection de sa classe ,
s'assurer que la tenue des hommes est
uniforme et propre , que les chevaux
sont équipés comme ils doivent l'être;
et lui - même doit donner l'exemple
de l'exactitude à se rendre au manége
ou à la carrière. Là , il se dépouillera
de toute familiarité capable d'atténuer
l'efficacité de ses leçons , et ne s'oc-
cupera que de l'instruction , en suivant constamment ses élèves. Il doit
aussi les habituer à garder leur position , même durant le repos; car c'est

sur-tout à l'instruction que l'on doit
soigneusement éviter tout ce qui ten-
drait à la nonchalance.

Les connaissances qu'un instructeur doit avoir, sont celles de la structure de l'homme, des parties exté-
rieures du cheval, des qualités et des
défauts de ces mêmes parties , de leur
utilité , des proportions qu'elles doivent avoir pour être parfaites , de
l'âge des chevaux , de la ferrure , de
l'embouchure : les parties du mors ,
de la bride et de la selle , les vices
et les différentes natures des chevaux,
les moyens d'y remédier, leurs allures, les termes de manége , les aides
et les châtimens , en un mot tout ce
qui a rapport aux détails de l'instruction , sont encore autant d'objets qui
ne peuvent être ignorés de celui qui
se charge d'instruire. Il ne lui suffit
point d'être homme de cheval; il faut
qu'il possède encore l'art de démontrer

ce qu'il sait ; qu'il puisse en raisonner et répondre aux questions qui pourraient lui être faites : et si ce travail lui demande du temps et de la persévérance, les fruits qu'il en retirera seront l'honneur et la gloire d'être utile à son pays ; titres qui font bientôt oublier les fatigues de l'étude.

CHAPITRE III.

De la Théorie.

La théorie est la connaissance raisonnée des principes dont la pratique rend le développement facile; elle est si nécessaire à celui qui veut devenir homme de cheval et instructeur, elle l'élève si sûrement à la perfection de l'art, que rien ne peut y suppléer. Aussi, d'après l'expérience que j'en ai, je me propose d'entrer dans les détails de ce qu'on doit apprendre dans une école de théorie pratique ; mon intention n'a jamais été d'obliger à l'étude de la théorie seulement pour savoir la réciter, mais bien pour y joindre la pratique. C'est dans ces sortes d'écoles que les hommes se piquant le plus d'émulation, se forment des idées plus justes, et travaillent

vraiment avec succès. La théorie,
en tout , nous enseigne à travailler
sur de bons principes , qui , loin
de s'opposer à la nature , ne servent
qu'à la perfectionner par le secours
de l'art.

Il serait à désirer que dans chaque
régiment de cavalerie, de dragons, etc.,
il y eût un lieu destiné à une école de
théorie pratique : là , les instructeurs
viendraient s'instruire de toutes les
parties de l'art que je traite , sous le
commandement de l'instructeur en
chef. On n'exigerait point dans cette
école une subordination sévère ; mais
les jeunes gens qui s'y rendraient pour
l'instruction , formeraient une assemblée familière et libre ; ils se com-
muniqueraient leurs pensées et leurs
doutes , et feraient , pour ainsi dire ,
un échange de leurs lumières.

Cette manière a l'avantage d'écarter
le dégoût, ou au moins l'insouciance.

On pourrait encore en tirer un plus grand parti, en récompensant ceux qui se distingueraient, soit par la faculté de porter la gaule, soit en leur donnant quelques ouvrages élémentaires, ou enfin en leur accordant une certaine liberté qui serait le fruit de leur aptitude au travail.

L'étude de la théorie pratique embrasse la connaissance de toutes les parties que j'ai nominativement désignées dans le chapitre précédent. Je me contenterai d'indiquer les objets qui sont nécessaires pour les différentes démonstrations.

Il y aurait dans chaque école de théorie pratique un cheval de bois sellé et bridé, qui soit bien conditionné, pour servir à la démonstration des parties du cheval, y placer les élèves, et leur enseigner la position qu'ils doivent avoir sur l'animal. Plusieurs sortes de mors, une bride, une selle, des armes, des cavaliers simulés en bois, et une grande table pour démontrer les différentes manœuvres d'un escadron.

SECONDE PARTIE.

DES connaissances préliminaires nécessaires à l'Instructeur.

CHAPITRE PREMIER.

Dénomination des parties externes du corps du cheval, de leurs défauts et de leurs beautés.

DE L'AVANT-MAIN.

LES parties de l'avant-main sont, la tête, les oreilles, le toupet, les tempes, le front, les salières, les paupières, les yeux, les sourcils, le chanfrein, le nez, les naseaux, les lèvres, la bouche, les barres, le menton, la barbe, la ganache, les joues, l'encolure, la crinière, le garrot, l'épaule, le poitrail,

le

le coude , le bras , les ars, le genou ,
la châtaigne, le canon , le tendon ,
l'ergot , le fanon , le boulet, le paturon , la couronne et le sabot.

DE LA TÊTE.

Les têtes grosses et carrées sont
celles qu'on appelle *têtes de brochet*;
elles ne pêchent pas seulement contre
la beauté , elles pèsent encore souvent
à la main *.

Celles qui sont chargées de chairs ,
et que l'on nomme *têtes grasses* , portent avec elles le même inconvénient
que les premières , et sont en outre
plus assujetties aux maux d'yeux :
voilà pourquoi on recherche ordinairement un cheval qui ait la tête
petite , sèche, courte et bien placée ;
ce sont des avantages qui lui donnent

---

* Peser à la main , se dit quand le cheval
appuie trop sa tête sur le mors. *Voy.* TERMES
DE L'ART.

plus de grâce, de légèreté, et que ne vous présenteront pas ces têtes longues appelées *têtes de vieille*.

On s'aperçoit qu'un cheval a la tête bien placée, quand elle tombe perpendiculairement du front au bout du nez. Lorsqu'elle sort de cette ligne en avant, on dit que le cheval tend le nez et porte au vent : il prend aussi cette position quand il a coutume de tirer à la main. Celui qui ramène le bout du nez au poitrail, est dit *s'encapuchonner* : il pèse toujours à la main ; et souvent le mors ne peut faire effet, parce que les branches viennent s'appuyer le long et au-dessus de l'encolure.

DES OREILLES.

Un cheval a les oreilles parfaites, quand elles sont petites, minces et déliées, placées au haut de la tête, rapprochées l'une de l'autre, et quand en marchant il porte les pointes également avancées. Cela lui donne un air hardi, effronté, et contribue beaucoup à l'embellissement de sa tête.

On nomme *oreillard*, le cheval qui a les oreilles longues et très-éloignées l'une de l'autre. Il les porte mal, ce qui lui donne un air de couardise qui déplaît toujours, et sur-tout à celui qui le monte. Cependant il y a des chevaux qui portent en avant les oreilles, quoique très-longues et très-déliées, sans pour cela être oreillards: ils ont, comme on dit, les *oreilles de lièvre*.

On a fait différentes remarques sur les mouvemens des oreilles; on peut même par elles connaître le caractère d'un cheval colère et malin : ordinairement ceux-ci portent une oreille en avant et l'autre en arrière, et les changent alternativement de position. Quand un cheval est effrayé, surpris, ou qu'il aperçoit quelque objet auprès duquel il ne veut point passer, il porte les oreilles en avant, en baissant les pointes. Ces mouvemens préviennent un cavalier qui veut être attentif sur la volonté de son cheval, et saisit le moment où il les fait mouvoir.

Si l'on frappe un cheval sur la croupe, il couche les oreilles vers le dos ; si les coups ou le bruit viennent de l'un ou de l'autre côté, il y tourne aussitôt l'oreille.

Du Front.

Un beau front est uni, sans être ni trop long ni trop large, trop avancé ni trop enfoncé. Les chevaux qui ont le front trop long, ont ordinairement la tête de vieille ; ceux qui l'ont trop large, ont la tête pesante : les fronts trop avancés, sur-tout quand c'est du bas, forment ce qu'on appelle une *tête busquée* ou *moutonnée*. On dit

qu'un cheval est *camus*, ou qu'il a
la *tête de brochet*, si son front est
enfoncé.

Les curieux recherchent les chevaux qui ont une pelote ou étoile au
front : et c'est avec raison ; cette
marque contribue singulièrement à
l'embellissement de la tête.

DES SALIÈRES.

On ne tire des salières du cheval
aucune indication pour ses qualités ;
elles ne servent qu'à la beauté. Mais
pour cela, il faut qu'elles soient
pleines et un peu élevées ; des salières creuses sont réputées un signe
de vieillesse : cependant il y a de
jeunes chevaux qui ont ce défaut ;
on prétend qu'ils le tiennent d'héré-
dité, parce que les étalons qui les
ont engendrés étaient trop vieux. Je
pense que la vieillesse d'un étalon
peut influer sur la santé et la vigueur

du poulain , mais non sur les parties
constitutives de ses formes.

DES YEUX.

De toutes les parties de la tête du
cheval , la plus belle , c'est l'œil :
aussi est-elle très-difficile à connaître , et on ne saurait l'étudier avec
trop de soin.

L'œil doit être vif , clair , net et
à fleur de tête. Un cheval qui a de
gros yeux , a l'air morne , hébété ,
et il est de plus sujet aux maux
d'yeux ; celui qui , au contraire , les a
trop petits et enfoncés , a le regard
triste , méchant , et la vue mauvaise ,
c'est ce qu'on appelle *yeux de cochon.*

On aurait tort de s'en tenir à des
remarques générales ; il est nécessaire
d'y en joindre de particulières. D'a-
bord , pour juger des qualités des
yeux , il faut examiner scrupuleuse-
ment si la vitre est bien transparente

et s'il n'y a point de taches blanches sur la prunelle. La vitre est la partie externe de l'œil, et la prunelle en est le fond. Cet examen doit se faire dans un lieu éclairé, en se plaçant à côté du cheval, et en posant la main au-dessus de l'œil pour abattre le grand jour : vous cherchez ainsi à découvrir si la vue n'est point chargée et couverte ; car c'est un signe que le cheval est lunatique, c'est-à-dire, qu'il est sujet à avoir périodiquement des fluxions. On regarde ensuite s'il n'a pas l'onglet, ce qui se reconnaît à une excroissance membraneuse qui part du grand angle et va couvrir l'œil.

Le *dragon* est une tache noire ou blanche qui se forme au milieu de l'iris, et quelquefois à côté, qui couvre bientôt toute la prunelle et rend le cheval borgne sans qu'on puisse y remédier.

Il y a deux espèces de taies qui affectent souvent la vue : l'une est une sorte de nuage qui couvre tout l'œil ; l'autre, une tache blanche, ronde et épaisse, qui est située sur la prunelle et qui a la forme d'une perle.

L'œil *cul de verre*, l'œil *verron* et celui de *lapin blanc*, ont des défauts essentiels. Le premier se reconnaît à une prunelle transparente et d'un blanc verdâtre : il est toujours la marque d'une vue faible, et il est bien à craindre que les chevaux en qui on le rencontre, ne deviennent borgnes ou aveugles. Le second a la prunelle plus blanche que verte ; ces sortes d'yeux sont bons ; mais ils désignent un cheval traître et méchant.

L'œil de lapin se dit quand la prunelle est rouge et ressemblante à celle de l'animal dont il porte le nom : il annonce la faiblesse, la timidité et un caractère ombrageux.

Il ne faut pas porter le même jugement sur tous les chevaux qui ont
la vue trouble : les poulains, quand
ils changent les dents de lait, l'ont
dans cet état, et on croirait même
qu'ils vont la perdre ; il en est encore
de même de ceux qui jettent la gourme
et qui poussent les crochets, sur-tout
ceux-d'en haut ; ils se trouvent tellement affectés, qu'il leur arrive souvent dans la suite d'en perdre la vue.

Enfin, si un cheval a reçu quelques
coups, son œil sera rouge, enflé,
pleurant et chaud ; et c'est cette cha-
leur qui fera connaître que le mal ne
provient point de fluxions.

Des Naseaux.

Les naseaux doivent être bien ouverts et bien fendus, parce qu'ils
donnent plus de facilité à la respiration ; cependant ce n'est point absolument de la conformation de ces

parties qu'elle dépend, mais bien
plutôt de la constitution des pou-
mons. Les chevaux qu'on appelle
souffleurs, ont le défaut d'avoir les
naseaux étroits, ce qui fait qu'ils res-
pirent avec peine. Il y a des pays où
on croit prévenir cette incommodité
par une incision faite à ces parties ;
mais elle ne produit qu'un seul effet,
c'est d'empêcher le cheval de hennir.

DES LÈVRES.

Il faut que les lèvres soient minces
et proportionnées à la bouche du
cheval ; quand elles sont trop épaisses,
elles couvrent les barres, empêchent
l'effet du mors, et alors on dit que le
cheval *s'arme de la lèvre*.

DE LA BOUCHE.

L'ouverture de la bouche ne doit
point être trop fendue ; si elle l'est
trop, le mors monte trop haut et

le cheval boit la bride : si an contraire elle ne l'est point assez, le mors
ne pouvant être placé en son lieu,
fait froncer les lèvres, et souvent le
cheval bat à la main.

On dit qu'un cheval a une belle
bouche, lorsqu'étant bridé elle se
trouve écumante de toutes parts. Cette
qualité dénote un cheval qui goûte
bien son mors.

DES BARRES.

C'est des barres que dépend le plus
souvent une bonne bouche ; c'est sur
ces parties que se fait sentir l'appui
du mors et que l'on juge des qualités
qu'elles doivent avoir. Ces qualités
sont, 1.º d'être élevées, afin que
cette élévation donne assez de pro-
fondeur au canal de la langue pour
s'y loger librement, sans cela son
épaisseur empêcherait l'effet de la
main ; 2.º d'être décharnées, pour

augmenter leur sensibilité, sans être cependant trop tranchantes, parce que le cheval pourrait battre à la main : mais lorsqu'elles sont rondes, basses et trop charnues, le cheval alors a cette partie insensible et quelquefois sourde, ce qui est le plus grand défaut.

DE LA LANGUE.

Il ne suffit pas que le canal soit profond pour que la langue du cheval puisse s'y loger, il faut encore qu'elle ne soit pas trop longue ; car dans ce cas, le cheval la laisse pendre en avant ou sur les côtés, ce qui est très désagréable : il arrive aussi qu'il la passe par-dessus le mors.

DU PALAIS.

Le palais d'un cheval ne doit être ni trop gras ni trop épais ; s'il avait ces défauts, le mors pourrait châtouiller cette partie et faire battre le cheval à la main. On peut éviter ce désagrément en choisissant l'embouchure convenable ; j'en parlerai en son lieu : j'observe seulement ici que ce défaut se corrige de lui-même ; quand les chevaux vieillissent, leur palais se décharne et laisse insensiblement au mors les moyens de faire son effet.

DE LA BARBE.

La barbe est une partie qui concourt efficacement avec les barres à faire la bonté de la bouche ; c'est l'endroit sur lequel la gourmette agit. Il faut donc que la barbe soit ronde, et n'ait, comme on dit, que *la peau sur les os*, pour que la gourmette se fasse sentir également. La barbe étant trop plate et les deux os qui la composent trop éloignés, la gourmette n'appuierait que sur les côtés et ne ferait qu'un faux effet : si au con-

traire ces deux os étaient trop rapprochés, la barbe serait tranchante,
et l'effet de la gourmette se faisant
sentir avec trop de force, mettrait le
cheval dans le cas de se défendre ou
de battre à la main. On corrige cette
extrême sensibilité en plaçant une
pièce de feutre ou de cuir entre la
gourmette et la barbe.

Il y a des cavaliers qui ont la main
si dure, qu'ils gâtent les barres de
leurs chevaux, et blessent tellement
la barbe, que les os en sont décou-
verts, ou bien il s'y forme des callosités.

DE LA GANACHE.

La ganache est composée de deux
os qui sont, à proprement parler, la
mâchoire inférieure. Leur forme contribue à embellir la tête du cheval;
mais pour cela ils ne doivent être ni
trop charnus, ni trop gros, ni trop

longs , et on exige aussi que l'auge soit bien évidée.

Quand le cheval a ces os trop gros , trop ronds et trop charnus ; quand avec cela ils sont placés trop près l'un de l'autre , la ganache est carrée : le cheval alors place difficilement sa tête ; il a indubitablement de la peine à se ramener , et n'est pas d'ordinaire léger à la main.

On désire que l'auge soit évidée , parce que, dans le cas contraire, il est à craindre que le cheval ne soit glandé. Il faut savoir distinguer le genre de glandes. Si ces glandes sont mobiles , il n'y a aucun danger ; cette incommodité passagère n'est causée que par une fraîcheur qui se dissipe avec un travail modéré : mais si le cheval est de l'âge de six ans ou au-dessous , c'est presque toujours une preuve de gourme. Cependant il faut s'assurer s'il y a long-tems que le cheval qui en est attaqué a jeté sa gourme ; et si on vous répondait affirmativement, vous pourriez augurer, sans crainte de vous tromper, qu'il l'a mal jetée ; car souvent de la gourme mal jetée résultent des maladies qui ne finissent qu'avec le cheval.

Les glandes sont-elles immobiles, douloureuses et adhérentes aux os de la ganache ; c'est presque toujours un signe que le cheval est morveux.

DE L'ENCOLURE ET DE LA CRINIÈRE.

L'encolure est une des parties qui plaisent le plus dans un cheval. Il faut qu'elle soit longue et élevée, qu'elle ne soit point trop molle ni trop épaisse, trop garnie ni trop effilée, et qu'en sortant du garrot, d'où elle prend naissance, elle forme le cou du cygne jusqu'à l'occiput. Outre ces qualités, elle doit encore être proportionnée à la taille du cheval. Celui qui a l'encolure trop longue et trop molle, bat ordinairement à la main; celui qui l'a trop courte, trop épaisse et trop charnue, pesera à la main.

Il y a en général trois sortes d'encolures défectueuses, que l'on nomme encolures *fausses*, *renversées* et *penchantes*.

L'encolure fausse est celle qui tombe d'aplomb depuis la ganache jusqu'au poitrail, de manière qu'au lieu d'aller en talus, elle forme au contraire un vide près du garrot, que l'on appelle *coup de hache*, ce qui empêche l'encolure de sortir. Ces sortes d'encolures sont plutôt désagréables à la vue que nuisibles à la bonté du cheval.

L'encolure renversée est celle qu'on appelle *cou de cerf*, parce qu'elle est exactement faite comme celui de cet animal, et que la forme qui doit être la partie supérieure, se trouve au contraire placée à la partie inférieure ; de manière que le dessus de l'encolure est concave, et la partie qui règne le long du gosier est convexe. C'est peut-être l'espèce de chevaux la plus difficile à emboucher, parce que les branches du mors portent infailliblement sur le gosier, et que celui-ci en empêche l'effet.

L'*encolure penchante* est celle qui tombe d'un côté et d'autre. Ce défaut est celui des chevaux qui ont l'encolure trop charnue et la crinière trop épaisse ; elle ne se rencontre guère que dans les vieux chevaux, et sur-tout quand ils sont entiers, et rarement dans les hongres. Il faut donc, pour éviter ce défaut, s'il provient d'une crinière trop épaisse, de temps en temps avoir soin de l'éclaircir en arrachant les crins de dessous. Une crinière déliée contribue à la beauté de l'encolure ; mais il faut qu'elle soit proprement entretenue, car il n'est que la propreté qui puisse prévenir la gale.

Du Garrot.

Le garrot doit être long, haut, tranchant et décharné. Il faut qu'il n'ait, pour ainsi dire, que la peau sur les os. Un garrot court, bas et trop charnu, met le cheval dans le cas de se blesser ; et les blessures dans cette partie sont toujours dangereuses et lentes à se guérir. Presque tous les chevaux qui ont le garrot bas et charnu, éprouvent de la gêne dans les épaules.

Des Épaules.

Les épaules doivent être plates, larges, peu charnues et mouvantes. C'est un grand défaut dans un cheval d'être trop *chargé d'épaules* et de les avoir *rondes* ou *chevillées*. Un cheval est trop chargé d'épaules, quand le poitrail est trop avancé, et que les jambes de devant, au lieu d'être perpendiculaires sous les épaules, sont placées de biais, de manière que les pieds de devant se rapprochent trop de ceux de derrière. Les chevaux qui ont ce défaut sont toujours lourds et pesans à la main.

Le cheval qui a les épaules serrées, est celui qui les a maigres et étroites. On fait d'autant moins de cas de ces sortes de chevaux, qu'ils sont toujours peu sûrs pour les cavaliers, et que c'est aussi toujours le signe d'une très-grande faiblesse du devant, qui, ne permettant point aux bras de se déployer, force le cheval d'avoir les allures trop près de terre, et l'expose par conséquent à broncher, à se croiser en marchant, à se couper, et à tomber sur le nez.

On ne peut corriger le cheval dont les épaules sont chevillées. Ce ne sont pas toujours les chevaux qui ont le devant serré, l'épaule étroite et décharnée, qui sont sujets à ce vice; il se rencontre aussi dans ceux qui sont chargés d'épaules et qui ont le poitrail ouvert, ce qui fait qu'ils ne sont pas moins dangereux à monter que ceux qui sout serrés des épaules; car ils ont ordinairement la démarche dure, pesante, et s'appuient sur le mors pour se soulager de la contrainte qu'ils éprouvent dans le mouvement de l'épaule.

Il y a des chevaux de qui vous diriez au premier coup-d'œil qu'ils ont les épaules serrées ou chevillées : il ne faut pas s'y tromper; souvent elles ne sont qu'engourdies ; c'est un défaut momentané qui se corrige par le secours de l'art. Combien ne voit-on pas de jeunes chevaux qui, sortant des mains de leurs premiers maîtres, se trouvent dans ce cas?

DU POITRAIL.

Le poitrail se trouve ordinairement ouvert, tel qu'il doit l'être, quand les épaules se trouvent bien faites ; mais il ne faut pas s'arrêter sur ce qu'un cheval est bien ouvert, pour croire que le poitrail est bien fait : il faut qu'il soit proportionné à la taille du cheval, sans être trop avancé. Un poitrail trop ouvert, ou trop avancé, dénote un cheval pesant de la tête et dans tous les mouvemens de ses membres. Il est d'autant plus dangereux de galoper avec lui, qu'en s'abandonnant entièrement dans cette allure, il risque de culbuter son cavalier.

DES JAMBES DE DEVANT.

Un cheval doit avoir les jambes proportionnées à sa taille, en sorte qu'il ne soit point trop élevé, et ne

soit point ce qu'on appelle *haut
monté*. Outre que c'est une difformité,
ces chevaux ne sont point fermes sur
leurs jambes , et en marchant ils
fléchissent pour l'ordinaire le genou :
au contraire le cheval qui a les jambes
trop courtes , est bas du devant, ce
qui l'oblige d'être sur les épaules , et
conséquemment pesant à la main. Ce
dernier défaut est en général celui
qu'ont les jumens.

Les jambes, pour être bien placées ,
doivent être un peu éloignées l'une
de l'autre , et plus près de l'épaule
que du boulet ; il faut qu'elles tombent perpendiculairement depuis le
haut du bras jusqu'au boulet.

Du Coude.

C'est du placement du coude que
dépend la position du pied : le coude
ne doit être ni trop en dedans , ni
trop en dehors. Un cheval dont le

coude est en dedans , a le pied placé
en dehors ; et ce défaut, qui est com-
mun à tous ceux qui ont les épaules
serrées ou chevillées , apporte une
grande gêne dans le mouvement du
bras. Lorsque le coude est en dehors,
le pied est tourné en dedans ; cette
dernière situation est plus commune
aux chevaux chargés d'épaules ; l'une
et l'autre sont également désagréables
à la vue , et ne se font pas moins
sentir dans les mouvemens.

Elles marquent aussi de la faiblesse.

Du Bras.

Le bras est la partie de la jambe où
réside toute sa force ; c'est pourquoi
il doit paraître large et nerveux. On
juge de sa force, lorsque les muscles
qui sont en dehors , sont gros et
denses.

Il y a des chevaux qui ont le bras
court , et chez d'autres il est long :
on

préfère les premiers pour le manége,
parce que le pli de la jambe se fait
avec plus de grâce ; mais celui qui a
le bras long, l'emporte pour la fatigue. Ces remarques ne sont pas sans
quelques exceptions ; on en voit des
uns et des autres qui joignent la force
à l'aisance.

Du Genou.

On ne peut porter trop d'attention
sur la partie du genou. Souvent on est
trompé en négligeant de s'assurer de
sa perfection. Il faut que le genou soit
large et plat, qu'il n'ait que la peau
sur les os. Les chevaux ont-ils les genoux ronds et enflés ; on peut croire
que si leurs jambes ne sont point
usées, elles sont au moins consi-
dérablement travaillées. Les genoux
épilés, qu'on appelle vulgairement
couronnés, sont des marques que le
cheval s'est écorché par la répétition

des chutes qu'il a faites , et sont aussi
une preuve que les jambes sont usées.
Cependant il arrive qu'un cheval peut,
par accident, avoir les genoux blessés;
mais en le montant , il sera aisé de
connaître la cause de la blessure.

On doit encore fixer son attention
sur la situation qu'a le genou lorsque
le cheval est immobile : si le genou est
plié en avant , de manière que les
jambes du cheval soient *arquées* , et
qu'il semble lui-même prêt à se cou-
cher, on peut être assuré que c'est
le résultat d'un travail forcé ; les chevaux qui l'ont éprouvé , sont pour
l'ordinaire tellement usés , que le
moindre exercice leur rend les jambes
tremblantes ; et souvent elles fléchissent involontairement.

Il y a des chevaux qu'on appelle
brassi - courts ; ils sont bien arqués ,
mais ils le sont naturellement. Il est
facile de les distinguer des chevaux

arqués par le travail ; les jambes des
premiers sont flexibles au moindre
mouvement, et les autres conservent
de la fermeté. Les chevaux qui ont le
bras gros et le canon menu, sont en
quelque sorte arqués ; mais ce défaut
ne diminue point la bonté du cheval.

Du Canon.

Le canon doit être uni, égal et gros,
à proportion de la jambe du cheval.
Qu'il soit sans suros, osselets ou fu-
sées ; ces tumeurs dures, calleuses et
sans douleur, qui croissent en dedans
et en dehors sur l'os du canon, en
rendant le cheval défectueux, lui
donnent de la faiblesse ; quand l'os
du canon est trop menu, il produit le
même inconvénient.

Du Nerf ou Tendon.

Le nerf est ce qu'on nomme proprement *tendon*, et la partie qui contribue le plus à la bonté de la jambe.

Le tendon doit être gros, détaché de l'os du canon, sans dureté ni enflure, sans humeurs glaireuses ni callosités placées entre deux qui fassent paraître la jambe ronde ; c'est le meilleur. Un tendon délié est une marque de faiblesse, et les jambes des chevaux en qui ces défectuosités se trouvent, s'arrondissant bientôt, vous les voyez broncher et s'user promptement.

Pourquoi cherche-t-on un tendon gros et détaché de l'os du canon ? c'est qu'il est une preuve de sa bonté. En embellissant la jambe, il en dessine la vigueur et la fermeté.

Les tendons qui sont menus et peu détachés, rendent la jambe ronde, et forment ce que l'on appelle *jambe de veau*. Ces sortes de jambes sont peu faites pour la fatigue ; souvent le moindre travail y cause un engorgement dont l'humeur se durcit, et rend en peu de temps le cheval bouleté.

Quand le tendon est parfait et que le cheval n'a pas la jambe trop chargée de poils , on en voit un second plus petit , placé entre le grand tendon et le canon, qui forme avec l'autre une fourche renversée ; il désigne la force et augmente la beauté de la jambe.

Du Boulet.

Il faut que le boulet soit gros et nerveux ; que sa partie postérieure soit de deux ou trois travers de doigt plus en arrière que la couronne , de manière qu'à partir du boulet , pour arriver à celle-ci , il y ait une pente douce ; car si le boulet était sur une ligne perpendiculaire , le cheval serait *droit sur jambes ;* si au contraire il se portait en avant , il serait *bouleté.* Il y a des chevaux qui sont naturellement droits sur jambes : cela dépend souvent de la conformation

du paturon. Ces diverses conformations sont des marques de faiblesse
et les avant - coureurs d'une ruine
prochaine.

Un cheval doit avoir aussi l'articulation du boulet flexible. On observe pourtant que si elle l'était trop,
il y aurait faiblesse dans cette partie.
Ce qu'on demande donc, c'est une
élasticité soutenue qui donne de la
souplesse au cheval et de l'agrément
au cavalier.

Il est rare qu'un cheval bouleté ou
droit sur jambes, n'ait point cette
partie enflée ou couronnée. Alors on
ne peut douter que cette incommodité ne soit causée par l'excès du
travail.

Du Paturon.

Pour la juste proportion du paturon,
il ne doit être ni trop court ni trop
long. On appelle le cheval *court-jointé*

ou *long-jointé*, selon qu'il a l'un ou l'autre défaut.

Le cheval qui a le paturon trop court, est ordinairement droit sur jambes. Il devient par la suite bouleté, et généralement ses mouvemens sont durs et incommodes. Il bronche, il tombe, et expose le cavalier à des chutes terribles. Cependant on peut quelquefois corriger ce défaut par la ferrure, en s'y prenant de bonne heure.

Un cheval long-jointé a un défaut plus considérable que s'il était droit sur jambes ; il reçoit de sa construction une faiblesse à laquelle il n'y a point de remède. Quand un cheval a le paturon trop long, et qu'il a assez de force pour ne le point plier trop bas, il est infiniment agréable au cavalier. Le mouvement de ses allures est plus doux, plus élastique et plus commode ; mais tôt ou tard il se ruine, et devient plus propre à la parade qu'à la fatigue.

DE LA COURONNE.

La couronne doit accompagner la rondeur du pied sans le déborder. Si le poil surmontait et était plus élevé que le pied, ce serait une marque d'inflammation, causée par une atteinte ou par quelque maladie soufflée au poil.

DU PIED.

On ne peut apporter trop de soins à l'examen du pied. C'est cette partie qui porte le corps du cheval, et qui cache en elle bien des défauts. Le pied doit être proportionné aux jambes, sans être trop grand ni trop petit, trop gros ni trop large. Les chevaux qui ont de grands pieds, sont pesans et sujets à se déferrer; les pieds dont le sabot et les quartiers s'élargissent trop du bas, sont ceux qu'on appelle *pieds-plats*. Ce défaut fait souvent boîter le cheval, parce qu'il a le pied fort tendre, et qu'en marchant la fourchette pose à terre.

Les pieds trop petits sont sujets à devenir *encastelés*. Ce défaut naît des quartiers trop serrés. Le sabot s'étrécissant auprès de la fourchette, la maigrit de manière qu'au lieu d'être presque rond et un peu plus large du bas que du haut, il est au contraire oblong et étroit. Souvent cet accident parvient à serrer le petit pied et à faire boîter le cheval.

Beaucoup de chevaux qui ont été dessolés, deviennent, à la suite de cette opération, encastelés du pied qui l'a subie.

Un cheval, en marchant, doit poser les pieds à plat. Celui qui pose le talon le premier, a été ou est fourbu; quand il pose la pince la première,

3 *

on le nomme cheval *rampin*. Ce défaut provient le plus souvent d'une écurie mal pavée. Les chevaux courts-jointés sont plus sujets à devenir rampins que les autres.

Les pieds ne doivent être tournés ni en dedans ni en dehors. La pince doit se trouver directement en avant.

On doit également regarder la qualité de la corne. Celle qui est blanche est cassante, et rarement le pied d'une telle corne s'entretient bon et reste long-temps ferré.

La corne qui n'est pas unie, qui est élevée en forme de cercles autour du sabot, dénote un pied altéré, et a le même défaut que la blanche. Il faut donc que la corne, pour être bonne, soit noire, unie et bien nourrie.

La corne de la fourchette doit être liante, sans être ni trop grasse ni trop large. Les chevaux qui ont la fourchette grasse, éprouvent souvent

la même incommodité que les pieds-
plats.

La sole, qui est la corne située
entre les quartiers et la fourchette,
doit être épaisse, forte et point cassante. Le dedans du pied étant rempli,
et la sole se trouvant plus haute que
la corne des quartiers, le cheval a le
pied comble.

Des parties extérieures du Corps.

Ces parties sont les reins, les rognons, les côtes, le ventre et les
flancs.

DES REINS.

Les reins sont la partie supérieure
du corps, à commencer depuis le
garrot jusqu'à la croupe. Ils doivent
être unis et courts, l'épine du dos
ferme et large, de manière qu'il règne
dans toute leur longueur une rainure.
C'est ce qu'on appellé avoir les *reins
doubles*, et un pronostic sûr de la force

du cheval dans cette partie. Lorsque
les reins ne sont pas unis ; mais qu'au
contraire ils sont enfoncés, on dit
que le cheval est *ensellé*. Ces sortes
de chevaux ont peu de force ; ils se
fatiguent facilement : il est rare que
dans une route ils ne se blessent pas,
parce qu'ils sont très-difficiles à seller.
Ils ont, pour se dédommager de cette
difformité, une belle avant - main,
portent beau et couvrent leur cavalier.

Le cheval qui est court de reins est
naturellement plus léger à la main,
galope avec plus de facilité, mais ne
va pas aussi bien le pas, et ses mouvemens sont plus incommodes. Celui
qui a les reins longs, a le pas plus
alongé, mais ne galope pas si librement que le premier.

Les chevaux qui ont les reins élevés
et tranchans, sont toujours faibles ;
on les appelle *dos de carpe*.

Des Côtes.

Les côtes doivent former avec le ventre une rondeur proportionnée au corps du cheval. Il faut prendre garde que les dernières côtes ne soient retroussées, parce que ce défaut empêche un cheval de prendre du corps; au moindre travail son ventre devient coupé.

Quand un cheval a les côtes plates et ravalées, sa poitrine est serrée, et la respiration nécessairement moins libre. Ce n'est pas une preuve de faiblesse, mais toujours d'une charpente imparfaite. Il est même difficile à seller, parce qu'il faut une selle fort étroite, et que souvent on ne fait pas ce qui est convenable pour parer à cet accident.

Du Ventre.

Le ventre doit former, conjointement avec les côtes, le corps du cheval. Il doit être rond, large à proportion de la taille du cheval, et ne pas descendre plus bas que les côtes. On dit de celui qui a trop de ventre, qu'il a un *ventre de vache*; il est souvent pesant et paresseux: et l'on dit de celui qui manque de ventre ou de boyaux, qu'il n'a pas *de dessous*. On a remarqué que ces sortes de chevaux sont très-vifs et très-courageux, mais difficiles à nourrir en voyage, et surtout très-délicats pour boire.

DES FLANCS.

Les flancs doivent parfaire le corps du cheval, en coopérant à sa rondeur. Il faut qu'ils soient pleins jusqu'à la croupe. Un cheval qui a cette partie creuse, est dit avoir les *flancs retroussés*. Quand le flanc commence à battre sans que le cheval ait été forcé, c'est une preuve qu'il est altéré, et que le cheval est échauffé, malade ou menacé de devenir poussif. C'est encore quelquefois un indice qu'il souffre dans quelque partie de l'arrière-main. Il y a des chevaux qui sont gras, qui ont les côtes bien tournées et le flanc creux : concluez de là qu'ils ont de l'ardeur, et qu'ils sont sujets à être aussi délicats que ceux qui n'ont pas de ventre.

On rencontre aussi des chevaux qui ont la respiration gênée ; et sitôt qu'ils sont arrêtés, le flanc bat naturellement : on les nomme *souffleurs*, et l'on observe que cette gêne vient de leur constitution. Il y en a aussi qui sont gros d'haleine, sans être véritablement souffleurs ; ils ont la respiration un peu plus libre ; on peut s'assurer de cette vérité dans les chevaux qui ont l'habitude de tiquer, sur-tout ceux qui tiquent sur le mors *.

* Le tic est une mauvaise habitude que contractent certains chevaux au moment où

DE L'ARRIÈRE-MAIN.

Les parties de l'arrière-main sont composées de la croupe, des hanches,

---

ils changent de dents , parce que , pendant le temps de cette pousse , ils éprouvent une démangeaison continuelle dans les alvéoles ; et pour se soulager ils mordent la mangeoire , leur longe et tous les autres objets sur lesquels ils trouvent un point d'appui : de là , ce qui n'était que soulagement , devient habitude , et le cheval est *tiqueur*.

Le tic doit être considéré non-seulement comme habitude désagréable , mais encore très-nuisible à la santé du cheval ; car tous ceux qui en sont atteints , perdent de leur forme , deviennent ventrus , maigres et sujets à des coliques dangereuses.

On a tenté différens moyens pour corriger ce défaut , tels que de mettre au cheval un collier de force , ou de frotter d'aloès succotin toutes les parties sur lesquelles il tique.

Ces essais ont rarement réussi ; il est même arrivé qu'ils ont fait dégénérer le tic d'appui en celui que l'on appelle tiquer en l'air ou sur le mors.

de la queue, des cuisses, du grasset,
du jarret et des jambes de derrière.

DE LA CROUPE.

La croupe est une des parties qui
contribuent le plus à la beauté du
cheval : mais pour être bien proportionnée, il faut qu'elle soit large et
ronde ; qu'elle ne soit ni coupée, ni
avalée, ni tranchante ; que la rainure
qui règne le long des reins doubles
se prolonge jusqu'à la naissance de
la queue.

Le cheval qui a la croupe étroite
ou courte, et qui ne s'étend point
assez en rond depuis les rognons
jusqu'à la queue, a ce qu'on appelle
la *croupe avalée*, *cul de prune* ou *de
mulet*. Celui qui a les deux os des
hanches qui accompagnent la croupe
trop élevés, se nomme cheval *cornu*.
Cette difformité rend la croupe carrée
et coupée ; il est même rare qu'un tel
cheval ait de bonnes hanches.

DES HANCHES.

Les hanches doivent accompagner le tour de la croupe sans être trop longues, trop courtes ou trop élevées. On voit qu'un cheval a les hanches trop longues, quand le jarret vient trop en arrière, et les chevaux qui ont cette conformation, ne peuvent galoper que difficilement, parce qu'ils n'ont pas assez de force pour soutenir avec grâce le corps dans l'instant où le devant se lève.

Les hanches qui descendent directement depuis le haut de la hanche jusqu'au boulet, sont trop courtes; on diroit que les chevaux qui sont atteints de cette défectuosité ont les jambes de derrière usées, tant ils marchent raides; et cependant en examinant ces parties, on verra que c'est un vice de structure. Ils n'en ont pas moins le défaut de galoper avec peine et désagréablement.

DE LA QUEUE.

C'est au port de la queue que l'on juge de sa beauté. Il ne faut pas qu'elle soit placée trop haut ni trop bas. Celle qui serait placée trop haut, ferait paraître la croupe pointue; et l'on regarde une queue trop basse comme un signe de faiblesse dans les reins du cheval.

Le tronçon doit être gros, nerveux et garni de crins. On augure bien de la force des reins, quand, voulant lever la queue du cheval, on sent de la résistance dans cette partie.

Pour qu'un cheval porte bien la queue, il faut qu'en sortant de la croupe elle forme un demi-cercle, et soit, comme on dit, *portée en trompe*. Le cheval qui laisse tomber la queue d'aplomb, est ordinairement paresseux; et celui qui traîne les hanches la porte si mal, qu'à chaque tems de trot elle fouaille entre ses jambes.

Le plus grand défaut de la queue, le plus nuisible à sa beauté, c'est d'être épilée, et ce qu'on appelle *queue de rat ;* ce défaut n'ôte rien aux qualités du cheval, car la plus grande partie des chevaux qui ont la queue de rat, sont très-bons.

DES FESSES ET DES CUISSES.

Les fesses et les cuisses doivent être charnues à proportion de la croupe. Il faut que les cuisses soient ouvertes en dedans, et que le muscle qui paraît au dehors de la cuisse, placé au-dessus du jarret, soit saillant. Les cuisses petites et maigres, sont faibles, et on dit qu'un cheval serré du derrière est *failli* ou *mal gigoté.*

DES JARRETS.

C'est dans la partie des jarrets que réside la plus grande force de l'arrière-main ; aussi recherche-t-on le cheval qui a le jarret grand, large, nerveux et décharné. Les petits jarrets sont toujours faibles , et appelés *jarrets de vache ;* ceux qui sont gras sont sujets aux courbes et vessigons. Quand les jarrets sont trop serrés , le cheval a les jambes de derrière tournées en dehors ; il est *crochu* ou *jarreté :* ce défaut est regardé comme un signe de faiblesse , quoique beaucoup de chevaux qui l'ont aient cependant de bonnes hanches et de bons jarrets.

Les jarrets étant trop en dehors , se trouvent trop séparés l'un de l'autre, de sorte que le cheval en marchant pose les pieds en dedans et marche écarté. Le cheval crochu est à préférer à celui-ci , parce que ce dernier ne peut jamais soutenir le galop ; ou s'il le soutient, c'est toujours désagréablement.

Les jarrets trompent souvent ceux qui veulent acheter un cheval. Nous avons cru devoir citer ici les incommodités auxquelles ils sont sujets. Celles qui les affectent ordinairement, sont les capelets , les solandres , les vessigons , la varice , le jardon , la courbe , l'éparvin sec et l'éparvin de bœuf.

DES JAMBES DE DERRIÈRE.

Tout ce qu'on a dit des jambes de devant se rapporte à celles-ci.

CHAPITRE II.

De la connaissance de l'âge des chevaux.

C'EST à la disposition des dents et à leur différence que l'on connaît l'âge d'un cheval.

La denture du cheval est composée de quarante dents, à l'exception des jumens, qui n'en ont ordinairement que trente-six. On les divise ainsi : quatre pinces ou incisives, quatre mitoyennes, quatre coins, quatre crochets et vingt-quatre mâchelières.

Les pinces sont placées au milieu de la mâchoire supérieure et inférieure, en avant de la bouche. Ce nom leur est donné parce que le cheval se sert de ces quatre dents pour pincer l'herbe.

Les mitoyennes accompagnent les pinces du haut et du bas de chaque

mâchoire , et sont à leur tour accom-
pagnées des coins. Ce sont les quatre
dents qui , de chaque côté , ferment
la denture du devant de la bouche
du cheval.

Les crochets sont quatre dents
isolées qui viennent sur les barres et
séparées des coins : elles ne poussent
qu'aux chevaux. On trouve par fois
quelques jumens qui en ont ; mais
elles sont très-petites. Les mâchelières
sont placées au fond de la bouche,
six en haut et six en bas de chaqne
côté des mâchoires : elles servent à
broyer entièrement les alimens du
cheval , et sont inutiles pour con—
naître son âge.

Il n'y a que les dents du devant
et les crochets qui soient propres à
indiquer l'âge. On les appelle dents
de lait jusqu'à l'âge de deux ans , deux
ans et demi : comme elles commencent
à tomber à cette époque , elles perdent
progressivement

progressivement ce nom pour prendre celui de *dents faites*. Les dents de lait sont faciles à connaître ; elles sont plus petites et plus blanches.

La progression de la chute des dents se fait ainsi : à deux ans ou trois au plus tard, les pinces tombent et sont remplacées par d'autres ; à trois ou quatre ans, les mitoyennes tombent aussi ; et les coins éprouvent le même sort entre quatre et cinq ans. Les dents qui remplacent les dents de lait, sont marquées par une tache noire qu'on appelle *germe de fève*, et qui disparaît dans la suite : il y a aussi une cavité dans ces dents, et surtout aux coins, qui se remplit avec l'âge.

Les crochets sont pointus, tranchans, cannelés, et poussen tordinairement les derniers ; ceux de la mâchoire inférieure, à quatre ans ou quatre ans et demi, et ceux de la mâchoire supérieure, à cinq ans et quelquefois à six.

C'est au moyen de la marque noire et de cette cavité qui se trouve dans les dents de devant, que l'on a la connaissance de l'âge. On dit qu'un cheval marque quand cette tache noire paraît; mais quand elle est effacée, et que la cavité de la dent est remplie, on dit qu'il a *rasé*.

Le cheval commence à raser par la mâchoire inférieure : les pinces sont les premières qui rasent à six ans, les mitoyennes à sept, et les coins à huit. Celles de la mâchoire supérieure suivent alternativement et dans le même ordre; à neuf ans les pinces, à dix ans les mitoyennes, et à onze ou douze les coins : mais on examine les crochets avant de passer à la visite des dents du haut. Quand les crochets sont encore tranchans et cannelés, on peut croire que le cheval n'est point vieux ; mais s'ils sont usés , arrondis et pleins de crasse , il faut voir la denture supérieure , pour s'assurer s'il a rasé entièrement.

Il y a des chevaux qui marquent toute leur vie ; on les nomme *bégus* , parce qu'ils conservent cette marque indicative de l'âge. Mais comme la cavité qui se trouve au milieu de la dent se remplit malgré que la marque noire reste , on a bientôt porté son jugement, et après huit ans , le cheval bégu est facilement reconnu.

Quand on a fait inspection des dents , et que le cheval ne marque plus , on fait l'examen des sourcils pour voir s'il n'est point cillé. On appelle un cheval *cillé* , celui dont les sourcils sont garnis de poils blancs. Ces poils commencent à paraître vers treize à quatorze ans ; et souvent à dix-huit le cheval a les sourcils tout blancs : cette remarque n'est cependant pas sans exception ; il est des chevaux qui sont engendrés de vieux étalons et de vieilles jumens, à qui ces poils viennent dès l'âge de neuf ans, et ceux qui sont gris, rubicans, rouans et de poil d'étourneau, sont naturellement cillés.

Les maquignons, et sur-tout les Juifs, ont porté l'adresse jusqu'à contre-marquer un cheval, c'est-à-dire, jusqu'à creuser les coins avec un burin et y faire une fausse cavité, y ajoutant après un composé qui donne à la dent la marque noire : mais cette supercherie se découvre facilement ; en examinant la dent, on y trouve des traces du burin qui la dévoilent.

Il y a d'autres maquignons qui emploient une méthode pernicieuse pour faire paraître un cheval plus âgé qu'il ne l'est en effet : ils lui arrachent les dents susceptibles de tomber vers l'âge de trois ans et avant que le cheval ait trois ans et demi , il marqué en avoir cinq. Il résulte de cette escroquerie, que les chevaux qui ont souffert cette cruelle opération , sont ruinés avant qu'ils aient atteint l'âge de travailler , parce qu'on se fie sur la fausse apparence d'un âge réel.

CHAPITRE III.

De la Ferrure.

Il est essentiel de savoir ordonner la ferrure, de connaître les différens pieds et les différentes façons de ferrer. Il y a tant de maréchaux qui ne savent que forger un fer et le placer bien ou mal.

L'homme de cheval a toujours regardé comme un devoir de s'instruire de cette partie, afin que l'ignorance ou la négligence ne mette pas de braves chevaux dans le cas de périr par les pieds.

Il y a huit règles générales pour ferrer un pied bien fait : la première est ce qu'on appelle pince devant, talon derrière, c'est-à-dire qu'il faut brocher les clous à la pince des pieds de devant, et qu'aux pieds de derrière il faut les brocher au talon.

La seconde règle est de ne jamais creuser ni couper trop de corne du côté des talons , ce qui ferait que le pied , au lieu de s'élargir , s'étrécirait davantage ; les quartiers se serrant nécessairement , le pied deviendrait *encastelé*.

La troisième est de choisir des clous dont la tête soit petite , le collet peu gros , la lame mince et unie , et l'affilure aiguë , parce que de gros clous sont susceptibles de faire éclater la corne , et de rendre par-là le pied mauvais.

La quatrième est d'employer des fers légers et proportionnés au pied et à la taille du cheval. Les fers trop pesans fatiguent les jambes , détruisent le pied , qui devient mauvais et se déferre trop facilement.

Cinquième règle : Le fer doit accompagner la rondeur du pied jusqu'auprès du talon. Il faut aussi que les éponges ne débordent pas trop ; autrement le cheval forgerait en marchant , et serait dans le cas de se déferrer.

Sixième règle : Il faut parer le pied à plat et également, avant de présenter le fer dessus ; il faut sur-tout avoir l'attention qu'il ne soit point trop chaud , car il dessécherait la corne. Le fer doit porter à plomb sur le tour du pied ; s'il portait sur la sole , il ferait boîter le cheval. Il en serait de même s'il était étampé trop gras , c'est-à-dire, si les trous du fer étaient percés trop en dedans.

Septième règle : Il faut que les clous soient brochés à la même hauteur ; celui qui monterait plus haut que les autres , pourrait gêner le pied et faire boîter le cheval. Les clous étant brochés, il faut les river, serrer les rivets afin que les clous n'entrent point à mesure dans le fer , et que les rivets ,

en sortant, n'exposent point le cheval
à se couper.

Huitième règle : Le cheval étant
ferré, on râpe le pied tout autour
pour l'arrondir, pour égaliser la corne
au fer, et émousser les pointes des
rivets qui seraient trop saillantes.

Ces règles ne peuvent être rigide-
ment suivies pour tous les différens
pieds : elles varient suivant que les
chevaux ont les pieds combles, plats
ou encastelés ; qu'ils sont droits sur
jambes, bouletés, rampins, ou qu'ils
ont les jambes arquées ; c'est, en un
mot, suivant qu'ils forgent ou se
coupent en marchant.

Des Pieds plats.

La meilleure manière de ferrer ces
sortes de pieds, c'est de leur mettre des
fers percés maigres, dont les branches
et la pince soient moins arrondies que
les quartiers et la pince du pied. Le

4 *

fer étant posé, on coupe avec le rogne-
pied la corne qui déborde ; mais il
faut prendre garde de ne pas vouloir
gagner tout-à-coup sur ces sortes de
pieds, car si les branches du fer étaient
trop droites , il porterait sur la sole ,
ferait trop resserrer les talons et boîter
le cheval.

DES TALONS BAS.

On donne à ces sortes de pieds
un fer dont les éponges soient plus
épaisses que pour un fer ordinaire ;
mais ce moyen est souvent inutile, car
à mesure que le cheval marche , les
éponges s'usent et font retomber le
pied dans son état naturel : il vaut
donc mieux se servir de fers à cram-
pons ; ils empêchent que le talon et la
fourchette ne touchent à terre pendant tout le tems qu'ils sont ferrés.
Il ne faut pas non plus creuser les
quartiers ni abattre les talons.

DES PIEDS COMBLES.

On ferre ces sortes de pieds avec
le fer à pantoufle. On le nomme ainsi,
parce qu'il a le dedans de l'éponge
beaucoup plus épais que le dehors,
et que la partie qui touche la corne
va en talus ; mais il faut avoir soin
d'abattre en pince, afin d'ouvrir les
talons, et faire en sorte que le fer
soit percé maigre, sur-tout en pince.

DES PIEDS ENCASTELÉS.

Le pied encastelé est sans doute celui
qui demande le plus d'attention pour
sa ferrure ; en effet, combien de chevaux sont droits sur jambes et arqués,
parce qu'on ignorait quel fer con-
venait à ces sortes de pieds.

On doit avoir soin de les ferrer à
froid, d'abattre le talon plat, de parer
également la fourchette plate, sans
creuser les quartiers ; on doit sur-tout
laisser la sole plus forte au talon qu'à

la pince, choisir le fer à pantoufle ,
parce que le dedans de l'éponge étant
plus épais que le dehors , il contraint
la corne à prendre nourriture en dehors , et force par la suite le talon à
s'élargir.

Les chevaux encastelés ont toujours le pied sec et la corne cassante ;
mais on attendrit le pied en le tenant
dans la fiente de vache pendant un
jour. Ce procédé fait qu'il se pare
plus facilement. Quand on veut donner
de la nourriture à la corne , il faut la
graisser souvent avec l'onguent de
pied.

Des chevaux qui sont droits sur jam-
bes , qui ont les jambes arquées ,
bouletées , et qui sont rampins.

La ferrure que l'on donne aux
chevaux droits sur jambes , est
commune à ceux qui ont les jambes

arquées, qui sont rampins ou bouletés ; on commence par abattre aux
uns et aux autres les talons fort bas ,
sans creuser les quartiers , afin que
les tendons soient forcés de s'étendre.
On a soin de se servir d'un fer léger,
dont les éponges soient très-minces,
qui débordent en pince et qui soient
plus épais dans cette partie.

DES CHEVAUX QUI BRONCHENT.

Pour éviter qu'un cheval qui a la
coutume de broncher , ne choque
trop fréquemment les pierres qu'il
rencontre , il est nécessaire de lui
abattre la pince du pied et de raccourcir le fer en pince. Ce n'est pas
que cette précaution ne devienne
inutile, quand la cause qui fait broncher le cheval vient de faiblesse dans
ses membres : en vain l'on voudra
corriger, par la ferrure , des jambes
usées ; on n'y réussira jamais.

Des Chevaux qui se coupent.

Plusieurs causes font que des chevaux se coupent en marchant : les uns, c'est qu'ils sont ferrés pour la première fois, et qu'ils n'ont pas encore contracté l'habitude de marcher ainsi ; les autres, c'est qu'ils sont faibles des reins, de manière qu'ils traînent les jambes au lieu de les lever. Quelquefois la ferrure y contribue ; il suffit que le fer déborde en dedans, soit des éponges ou des rivets qui seraient trop saillans.

Pour ferrer les chevaux qui se coupent du devant, on abat les quartiers de dehors, on serre l'éponge de dedans, et on la tient courte. Rivez les clous de façon que les rivets entrent dans la corne sans la déborder. On observe pour les jambes de derrière la même méthode. On peut aussi placer un petit crampon en dedans ; mais pour les chevaux qui se coupent par faiblesse ou par habitude, la ferrure n'est d'aucune ressource. Pour éviter les atteintes qu'ils se donnent, il n'y a d'autre moyen que de leur mettre des bottines de cuir.

DES CHEVAUX QUI FORGENT.

Les chevaux qui forgent en marchant sont sujets à se déferrer et à se donner des atteintes. Le cliquetis qu'ils font entendre et sentir, est désagréable pour le cavalier ; mais souvent c'est un défaut de la structure du cheval, ou la faute de celui qui le monte, et même du maréchal qui l'a ferré. Quand c'est la faute du dernier, on doit raccourcir beaucoup plus les éponges des fers de devant, et resserrer les

pinces des fers de derrière. Par ce
moyen , les membres se trouvant en
quelque sorte plus éloignés les uns
des autres , s'atteignent plus difficilement.

CHAPITRE IV.

Du Harnais.

DE LA BRIDE.

TOUS les écuyers, tant anciens que modernes, ont reconnu la nécessité de chercher l'embouchure la plus douce et la plus convenable aux différentes bouches des chevaux. Autrefois on employait une infinité de sortes de mors ; mais aujourd'hui que l'art de l'équitation est parvenu à son plus haut degré, on ne se sert que de quatre différentes embouchures au plus, qui sont le canon à trompe ou à canne, la gorge de pigeon, le simple canon, et le billot. Ce dernier mors est en usage depuis peu de temps ; c'est, sans contredit, le plus doux de toutes les embouchures adoptées jusqu'à ce jour.

La bride s'entend de toutes les parties qui composent entièrement le mors. On y comprend aussi cet assemblage de cuir qui garnit la tête, porte le mors et les rênes. Mais à proprement parler, la bride est divisée en tros parties principales, qui sont l'embouchure, la branche et la gourmette. Avant que de parler des mors convenables aux différentes bouches des chevaux, nous croyons qu'il est utile de faire connaître les parties et les différentes façons de mors.

Du Mors.

Le mors est un morceau de fer creux et arrondi que l'on place dans la bouche du cheval; il est composé de deux canons joints ensemble. Ils se trouvent dans différens mors séparés, tels que celui à gorge de pigeon et celui à simple canon. Les deux extrémités du canon, qui sont

les parties les plus fortes du mors,
se nomment *fonceaux*. On y attache
les branches. La partie située entre
les fonceaux et l'angle du canon,
s'appelle le *talon* ; et les parties qui
forment l'angle s'appellent *liberté de
langue*.

Le *simple canon* est composé de
deux pièces , parce qu'il est brisé
dans le milieu. Cette embouchure est
douce, parce qu'elle a beaucoup de jeu.

Le *canon à trompe* est fait d'une
seule pièce. Le milieu , qui forme un
angle aigu , lui donne de la rudesse ,
parce que les deux côtés appuient obliquement sur les barres , rendent son
effet tranchant , et conséquemment
plus sensible que s'il portait d'aplomb.

On appelle *gorge de pigeon* le mors
dont l'espace vide qui se trouve au
milieu va en diminuant par le haut.
Il est composé communément de deux
pièces , et quelquefois d'une seule ;

de sorte qu'il y en a de brisés et d'autres qui ne le sont pas. Ces embouchures ne sont pas rudes, si ce n'est lorsque la liberté de langue monte trop haut, et qu'il y a peu de fer au talon.

Le *billot* est un canon d'une seule pièce avec liberté de langue gagnée. Il est très-doux, parce qu'il se fait sentir d'aplomb sur les barres, et qu'il n'est point sujet à inquiéter le cheval en lui châtouillant le palais, comme il arrive aux embouchures dont la liberté de langue est très-haute : nous conviendrons cependant qu'il faut que le cheval ait la langue bien placée et les barres bien conformées, pour s'en servir.

DES BRANCHES.

La branche est la partie qui fait agir l'embouchure à laquelle elle est adaptée par les fonceaux. Elle est composée du banquet, de l'œil, de l'arc , de la broche du banquet , de la sous-barbe , du bas de la branche , de la gargouille , du touret et de la chaînette.

Le *banquet* est la plus haute partie de la branche. Il rassemble en lui deux autres parties, qui sont l'arc et l'œil du banquet.

Le trou placé au haut de la branche dans lequel passe le porte-mors, s'appelle *œil du banquet*. Il sert aussi à attacher l'S et le crochet de la gourmette.

L'arc du banquet est placé entre les deux extrémités de l'embouchure. Cette partie n'est pas visible, sur-tout quand le mors est garni de bossettes.

La *broche du banquet* est une partie cachée par les fonceaux ; elle sert à attacher les branches à l'embouchure.

La *sous-barbe* est le milieu du bas de la branche. On lui a donné ce nom, parce qu'elle désigne la place où on attache, quand il est nécessaire, un arc de fer ou bien une chaînette croisée, pour empêcher le cheval de s'armer de la branche. C'est ce qu'on appelle encore *sous-barbe*.

La *gargouille* est cet espace vide qui se trouve au bas de la branche à laquelle on passe le touret et l'anneau des rênes.

Le *touret* est un clou tournant placé dans le bas de la gargouille; il sert à attacher l'anneau des rênes.

La *chaînette* passe de l'une à l'autre branche, et est attachée par deux tourets placés au bas de la gargouille.

On se servait autrefois de trois ou quatre branches différentes ; on en a réformé beaucoup. Il n'en reste aujourd'hui que de deux sortes, qui sont la *branche droite* et celle dite *à pistolet*.

La *branche droite* est celle dont on se sert pour les mors des chevaux de

troupes. La branche à pistolet est
très-courte, et ressemble du bas à la
crosse d'un pistolet; elle sert pour les
embouchures de chevaux fins , parce
qu'elle est plus petite , qu'elle est
plus légère et qu'elle a plus de grâce.

Pour juger de l'effet que peut produire la branche sur l'embouchure, il
faut connaître si elle est sur la ligne,
hardie ou flasque.

La branche est sur la ligne , quand
on peut tirer une ligne droite depuis
le haut et le milieu du banquet jusqu'au bas de la branche. Cette sorte
de branche est celle dont on se sert
le plus ordinairement ; elle tient le
milieu entre la branche flasque et la
branche hardie.

La branche est hardie quand elle
sort de la ligne en avant ; et on s'en
aperçoit lorsque le trou du touret
n'est point percé dans la ligne du
banquet. On peut la rendre plus ou

moins hardie, et augmenter graduel-
lement son effet sur l'embouchure.

La branche est flasque quand elle
sort de la ligne en dedans, c'est-à-
dire, quand le trou du touret est percé
en arrière de la ligne du banquet. Elle
adoucit l'embouchure, selon qu'elle
est plus ou moins flasque.

DE LA GOURMETTE.

La *gourmette* est la partie du mors
qui contribue à son action sur les
barres ; c'est une chaîne composée
d'une S, de cinq grosses mailles, de
trois maillons et d'un crochet.

L'S est la partie qui est attachée à
l'œil droit du banquet, et tient à un
maillon plat et ovale de la gourmette.

Les cinq grosses mailles sont re-
courbées en forme d'S ; ce sont elles
qui font effet sur la barbe.

Les maillons sont placés aux extrémités des grosses mailles ; un d'eux
tient

tient à l'S, et les deux autres placés à l'extrémité opposée de la gourmette.

Le *crochet* est attaché à l'œil gauche du banquet : il sert à mettre la gourmette dans l'un des deux maillons qui sont de ce côté.

L'*S* et *le crochet* doivent être un peu courbés pour accompagner la rondeur de la lèvre , sans quoi ils pinceraient et blesseraient cette partie.

Souvent des chevaux sont blessés à la barbe par l'ignorance ou l'inattention du cavalier qui place mal la gourmette. Il est absolument nécessaire de la savoir placer. Voici comme on doit s'y prendre pour gourmer un cheval : on passe les deux premiers doigts de la main gauche entre l'œil du banquet et la partie supérieure des lèvres , pour contenir le crochet avec le pouce ; ensuite on prend la gourmette avec le pouce et le premier doigt de la main droite par le premier maillon, on la secoue afin de détortiller les mailles s'il s'en trouvait qui fussent tortillées : on les tourne de droite à gauche, jusqu'à ce que l'on sente une certaine résistance qui indique son plat. Vous l'accrochez ordinairement au second maillon.

On voit aussi que la gourmette est sur son plat, quand les fermetures des mailles ne se trouvent pas vis-à-vis de la barbe.

Manière de commander le Mors.

Nous avons fait connaître toutes les parties qui forment l'embouchure, ainsi que leurs différentes proportions et leur effet. Cette connaissance m'a semblé d'autant plus nécessaire, que sans elle un homme de cheval ne saurait ordonner l'espèce de mors qui conviendrait à la bouche de son cheval. Nous allons passer actuellement à la manière d'emboucher et choisir

les mors propres aux différentes bouches.

Le *mors* doit porter également sur les barres, environ un doigt au-dessus des crochets, quelquefois plus bas, suivant que le cheval a la bouche plus ou moins fendue : s'il portait plus haut, il ferait froncer les lèvres et causerait de la douleur aux barres, qui sont d'autant plus sensibles, qu'elles sont plus tranchantes ; il pourrait encore obliger le cheval à se défendre.

Il faut que le mors soit précisément de la largeur de la bouche, afin qu'il appuie sur les barres près du talon, et que les lèvres le couvrent sans qu'elles se froncent : quand on voit l'embouchure découverte près des lèvres, il est certain que le mors est trop large ; de même quand les lèvres couvrent les fonceaux, le mors est trop étroit.

Une attention qu'il est à propos

d'avoir quand on choisit un mors,
c'est de voir s'il est bien étamé, si
toutes les parties, et sur-tout le canon, en sont parfaitement polies.

La grosseur du canon doit être
proportionnée à la fente de la bouche
du cheval : on ne peut donner un gros
canon à une bouche peu fendue,
parce qu'il ferait froncer les lèvres ;
et à celle qui est trop fendue un canon dont l'angle serait aigu, parce
qu'il irait trop avant dans la bouche,
et ferait ce qu'on appelle *boire la bride*.

Lorsqu'un cheval a la bouche
bonne, c'est-à-dire, qu'il a l'appui
léger, un simple billot avec les branches sur la ligne lui suffit. On doit
toujours chercher à donner le mors
le plus doux aux chevaux qui ont la
bouche parfaite, afin de ne pas leur
falsifier le sentiment.

Les bouches difficiles à emboucher
sont au nombre de sept, qui sont ; les

bouches trop sensibles , les bouches faibles , les bouches fortes , les bouches pesantes , les bouches qui sont trop ou trop peu fendues ; en un mot , celles qui font qu'un *cheval s'arme*.

DES BOUCHES TROP SENSIBLES.

La bouche trop sensible est celle qui s'offense de toutes sortes de mors : on la connaît lorsque le moindre mouvement de la main fait que le cheval secoue la tête, bat à la main ou se désespère , ce qui arrive ordinairement aux chevaux qui ont les barres hautes et tranchantes ; alors le canal de la langue se trouve trop profond , et l'appui du mors ne peut se faire sentir sans que le cheval ait, pour ainsi dire, la tête égarée. Il peut arriver que ce défaut soit causé par quelques blessures aux barres ou à la barbe; alors on place à cette dernière partie un feutre pour adoucir l'effet de la gourmette.

Le canon dit *le billot* est le plus convenable aux bouches trop sensibles, parce qu'il endort plus facilement la partie sur laquelle il appuie; mais il faut qu'il soit gros près des fonceaux, qu'il soit peu montant, que l'œil du banquet soit percé bas et un peu courbé en arrière, parce qu'alors la gourmette fait moins d'effet. On doit se servir de la branche à pistolet, mais il faut qu'elle soit courte et flasque.

DES BOUCHES FAIBLES.

On dit qu'un cheval a *la bouche faible*, quand il supporte très-difficilement l'appui du mors, sans cependant se désespérer ni battre à la main. On emploie pour ces bouches la même embouchure que pour les bouches trop sensibles.

DES BOUCHES FORTES.

Tous les chevaux qui tirent à la main ont *la bouche forte* ; et ce défaut vient de l'épaisseur de la langue , des lèvres ou des gencives qui recouvrent les barres , ou des barres même dont les os sont trop ronds. Il arrive aussi qu'un cheval tire à la main par impatience, ou parce que sa respiration est gênée ; dans ce cas , il suffit d'apporter de la douceur et de la patience dans ses leçons pour faire perdre cette mauvaise habitude.

Quand un cheval a la bouche forte pour avoir la langue trop épaisse, les lèvres trop grasses et les barres trop rondes et trop charnues, on lui choisit le mors à gorge de pigeon avec liberté de langue ; par ce moyen la langue a la faculté de se mouvoir aisément, et de se placer dans le vide qui se trouve aux extrémités des canons. Le canon doit être un peu moins

gros vers les fonceaux. On doit tenir
la branche courte et un peu hardie :
cependant il ne faut pas qu'elle le soit
trop, parce qu'alors le cheval éprou-
verait de la contrainte ; et au lieu de
lui assurer la tête, elle le ferait tirer
davantage à la main.

DES BOUCHES PESANTES.

Les mêmes défauts qui causent la
dureté des bouches fortes, les rendent
aussi *pesantes* ; et ce vice se rencontre
également dans le cheval qui a l'encolure mal faite ou trop épaisse, la
ganache carrée, serrée ou trop charnue. Ce cheval naturellement faible,
ou éprouvant quelque gêne dans les
épaules, dans les reins, dans les
hanches ou dans les pieds, il est
forcé de chercher un point d'appui
sur la main, ce qui lui sert comme
d'une cinquième jambe : le mors ne
peut apporter aucun remède à ces
défauts.

Mais au cheval qui *pése à la main*
pour avoir la langue et les lèvres trop
épaisses, les barres rondes et charnues, on lui donnera un mors à gorge
de pigeon avec liberté de langue,
peu de fer dans la partie du canon.
La branche sera hardie, et l'œil du
banquet percé un peu haut, afin
d'augmenter l'effet de la gourmette,
qui elle-même sera plus petite, afin
de donner plus de sensilité à la barbe,
qui est ordinairement très-épaisse dans
ces sortes de chevaux.

DES BOUCHES TROP OU TROP PEU FENDUES.

Si des chevaux ont la bouche trop
ou trop peu fendue, il est facile de
remédier à ce défaut, quand il ne s'en
trouve pas d'autres qui les font tirer
ou peser à la main. Pour y réussir, il
suffit de leur donner un canon à
canne, avec très-peu de fer, afin que
l'embouchure monte plus haut dans

5 *

leurs bouches. Il faut aussi que la branche soit courte et sur la ligne , l'œil percé un peu plus haut , afin que la gourmette ne tombe pas sur le menton.

Quant aux chevaux qui ont la bouche trop fendue , il faut leur donner *le billot* avec beaucoup de fer , pour qu'ils ne boivent point le mors ; tenir la branche un peu longue et sur la ligne , l'œil percé bas , afin que la gourmette ne remonte pas quand la main de la bride fait quelque mouvement.

DES CHEVAUX QUI S'ARMENT.

Les bouches des chevaux qui s'arment sont les plus difficiles de toutes à emboucher, parce que l'action que produit le mors ne peut déterminer le cheval à porter le nez au vent.

Les *chevaux s'arment*, ou parce qu'ils ont le cou trop souple, l'encolure longue , et qu'ils la courbent avec facilité , toutes raisons qui font appuyer la branche contre le poitrail et empêchent l'effet de l'encolure ; ou parce qu'ils ont l'embouchure renversée et la ganache serrée. Celle-ci ne pouvant se loger à cause de sa défectuosité et de celle du gosier qui est trop gros , fait que la branche vient appuyer contre lui et détruit l'effet du mors.

Enfin , il en est qui s'arment en prenant la branche avec les dents ; et c'est ce que l'on appelle communément *prendre le mors aux dents.* Pour corriger ces derniers , on leur met une sous - barbe , afin d'empêcher la lèvre inférieure de prendre la branche et de la porter entre les dents.

Dans les deux premiers cas , on doit donner aux chevaux le billot avec l'œil bas , la branche courte et flasque ; car un mors trop fort les obligerait à s'armer davantage.

De la Selle et des parties qui en sont dépendantes.

La connaissance des parties de la selle n'est pas moins utile que celle de la bride. Combien de cavaliers blessent dangereusement leurs chevaux pour ignorer les parties d'une selle, son usage et ses proportions. Je soutiens que de dix chevaux blessés par la selle, il s'en trouve huit qui le sont par l'ignorance du cavalier.

On se sert de quatre sortes de selles ; mais nous ne parlerons que de la selle à la française, dite autrefois *à la royale*. C'est celle qui est la plus commode et la vraie selle de cavalerie.

Pour qu'une selle soit bonne, il faut qu'elle soit juste au corps du cheval et commode au cavalier. Pour que la selle soit juste au corps du cheval , elle doit porter également par-tout, à l'exception du garrot , de l'épine du dos et des rognons ; que l'arçon du devant tombe au défaut de l'épaule, et que celui de derrière, ainsi que celui du devant, prennent parfaitement le tour des côtes.

Si l'arçon du devant pinçait des pointes , il se trouverait appuyer à faux des mamelles , et blesserait le cheval dans l'endroit que toucheraient les pointes ; mais si l'arçon est trop large des pointes , il presserait des mamelles , et blesserait dans cette place. J'observe que toute selle dont l'arçon est trop large , peut blesser le cheval sur le garrot , sur les reins et sur les rognons.

La *selle* est composée des arçons , des bandes, des bâtes, du pommeau, du garrot, du siége , du faux-siége , des quartiers , des panneaux et des contre-sanglots.

Ses appartenances sont les sangles, le surfaix, la croupière, les coussinets, les étrivières, les étriers, les porte-étriers, les fontes, le poitrail et la martingale.

Des Arçons.

Les arçons sont divisés en arçon de devant et arçon de derrière ; l'un et l'autre sont deux pièces de bois travaillées différemment, suivant la place qu'ils occupent sur le dos du cheval. L'arçon de devant est composé du garrot, du pommeau, des liéges, des mamelles et des pointes.

L'*arçon de derrière* est bien différent de celui de devant ; il est plus arrondi et porte une pièce de bois qu'on appelle *troussequin*. Ces deux arçons sont tenus de chaque côté par deux bandes de bois. Pour leur donner plus de force, on les nerve avec des nerfs de bœuf foulés et enduits de colle

forte , ou bien avec de la grosse toile.
Pour achever de leur donner plus de
solidité, on cloue une bande de tôle
en dedans de chaque arçon , et l'on
place une arcade de fer battu en avant
de l'arçon de devant pour en contenir
les jointures.

Le *garrot* , que l'on nomme aussi
arcade , est la partie de l'arçon du
devant qui est au-dessus du garrot
du cheval.

Le *pommeau* est placé au haut du
garrot.

Les *mamelles* sont les parties placées
entre l'arcade et les pointes , et qui
s'appliquent au défaut des épaules.

Les *pointes* sont les extrémités de
chaque côté des arçons , tant de devant que de derrière.

Les *liéges* sont deux morceaux de
bois plats, placés au-dessus de l'arçon
tant de devant que de derrière , sur
lesquels on assure les bâtes et le
troussequin.

DES BANDES.

Les bandes sont deux pièces de bois qui tiennent les arçons séparés l'un de l'autre, et auxquelles on attache de chaque côté trois porte-sanglots et un porte-étrivières : elles doivent se trouver moins larges et plus rapprochées au haut de l'arçon de devant, parce que si elles étaient à la même hauteur, le cavalier, en serrant les cuisses, serrerait les bandes, ce qui l'incommoderait dans ses aides et dans sa position.

DES BÂTES.

Les bâtes sont les parties élevées au-dessus de chaque arçon. Elles servent à tenir un cavalier plus ferme en selle. Il y a *la selle à piquer*, dont les bâtes sont très-hautes et très-rapprochées les unes des autres, de sorte que l'homme se trouve en quelque sorte emboîté. Mais cette sorte de selle n'est utile que pour l'école; car dès qu'on a appris à monter à cheval avec elle, et qu'on est obligé de la quitter, on est quelque temps à en perdre l'habitude.

Du Pommeau.

Le pommeau est placé au-dessus du garrot de l'arçon, entre les bâtes. Cette partie était autrefois très-élevée: on en a reconnu l'abus, parce qu'un cheval en se renversant pouvait écraser la poitrine de son cavalier; aussi l'a-t-on presque entièrement réformée.

Du Siége.

Le siége est l'endroit de la selle où s'assied le cavalier. Il faut qu'il soit peu rembourré et uni, sans être plus haut du devant que du derrière; que la partie sur laquelle portent les fesses ne soit pas trop large, parce

qu'alors elle obligerait le cavalier à
être assis trop près du troussequin.

Du Faux-siége.

Le faux-siége est placé en dessous
de la selle, entre les bandes et les
arçons : cette partie est faite de sangles
tendues avec force, pour soutenir le
corps de l'homme et le siége. Quand
il arrive qu'elles sont mal tendues,
elles se relâchent, ce qui fait que le
siége s'affaisse et rend la position de
l'homme incommode.

Des Quartiers.

Les quartiers sont deux piéces de
cuir qui couvrent en partie les arçons
et entièrement les panneaux : ils empêchent aussi le genou de porter
contre le corps du cheval. Ils ne
doivent être ni trop larges ni trop
étroits. Quand les quartiers sont trop
larges, les jambes du cavalier sont

trop éloignées du corps du cheval et leurs aides deviennent incertaines. Les quartiers étroits font descendre la genouillère, et quand on veut se servir des jambes ou de l'éperon, ils gênent tellement le cavalier, que quelquefois ils le blessent aux jarrets ou au-dessus du gras des jambes.

DES PANNEAUX.

Les panneaux sont faits de toile et de basane que l'on rembourre avec du crin. Ils sont placés et attachés en dessous de la selle, afin de la tenir un peu élevée et empêcher en même tems que les arçons ne blessent le cheval. Les panneaux doivent être rembourrés également, parce que s'ils étaient plus épais d'un côté que de l'autre, la selle se trouverait de travers et pourrait fouler le cheval. Ils ne doivent pas non plus être trop rembourrés, parce qu'ils éloigneraient le cavalier du corps du cheval, rendraient l'aide des cuisses sans effet, et donneraient une position trop écartée.

DES SANGLES.

On entend par *sangles*, les bandes qui servent à assurer la selle sur le dos du cheval. Les meilleures sangles sont larges ; elles doivent être montées de boucles à chacune de leurs extrémités pour pouvoir les attacher aux contre sanglots. Ces boucles, pour être bonnes et commodes, doivent avoir un créneau dans l'endroit où pose l'ardillon ; celui-ci ne doit point dépasser la chape, parce que, si les sangles étaient trop courtes, il déchirerait la manchette des bottes et même la botte du cavalier.

DE LA CROUPIÈRE.

La croupière la plus commode est celle qui s'attache avec une boucle

et non avec une lanière de cuir ;
celle-ci est sujète à blesser le cheval
et à se relâcher. Dans ce cas, la selle
tombe en avant, gêne le cheval dans
les épaules, et quelquefois le blesse
sur le garrot. La croupière à boucle
n'a pas cet inconvénient, parce qu'un
cavalier peut l'alonger ou la raccourcir
lors même que son cheval est chargé ;
au lieu que pour celle qui est attachée
avec une lanière, il est obligé de le
décharger.

L'attention qu'on doit avoir, c'est
de ne pas tenir la croupière trop
courte, parce qu'elle ferait ruer le
cheval ; si elle était trop longue, la
selle tomberait sur les épaules. Il
faut éviter que la boucle ne touche
sur les reins, afin d'empêcher le cheval de se blesser.

Le *culeron*, que l'on nomme vulgairement *croupière*, n'en fait cependant
qu'une partie. On veut qu'il soit

gros, afin de ne point écorcher la partie sur laquelle il frotte.

DES ETRIVIÈRES ET DES ETRIERS.

Les étrivières sont deux bandes de cuir de Hongrie, qui sont passées à un crampon attaché aux bandes des arçons ; elles servent à porter les étriers et à les mettre à leur point.

L'*étrier* est de fer et composé de trois parties ; de la grille, de l'arcade ou des branches, et de l'œil. Les grilles rondes sont les plus commodes. Les branches doivent être élevées six pouces au-dessus de la grille, afin que si un cavalier venait à tomber, il pût aisément se dégager le pied de l'étrier.

DES COUSSINETS.

Les coussinets servent à placer le porte-manteau du cavalier : il y a moins à craindre qu'il ne blesse le cheval quand ils sont couverts entièrement d'un cuir, comme si les deux n'en formaient qu'un ; par-là ils garantissent les rognons du frottement de la croupière. Les coussinets à boudins sont susceptibles de blesser le cheval, et sont cause qu'il l'est aussi souvent par la croupière.

DES FONTES.

Les fontes sont deux espèces d'étuis qui servent à renfermer les pistolets. On doit choisir le cuir le plus fort pour leur fabrication, afin qu'elles puissent résister à la pression qu'elles sont dans le cas d'éprouver dans la manœuvre. On garnit le haut d'un cercle de fer, pour que leur entrée ne s'aplatisse pas, autrement le cavalier qui aurait besoin de se servir de ses pistolets, en serait empêché.

DU POITRAIL.

Quatre pièces de cuir forment le

poitrail, qui ensuite se divise en deux
parties, le côté droit et le côté gauche ;
l'un et l'autre sont attachés par un
montant à une boucle placée sur les
mamelles de l'arçon de devant, et
les parties transversales sont fixées
à l'une de leurs extrémités par un
bout passant à la première fourche des
sangles ; les deux autres bouts viennent se boucler au milieu du poitrail
du cheval.

DE LA MARTINGALE.

La martingale est une bande de
cuir attachée par un bout aux sangles
sous le ventre du cheval, et qui vient
passer entre ses jambes de devant
pour être fixée à l'autre bout dans la
muserole ; à ce bout est une boucle
courante qui sert à l'alonger et à
la raccourcir, selon que le besoin
l'exige.

On a eu recours à cette invention
pour

pour empêcher le cheval de battre à
la main , de porter au vent ou de se
cabrer : mais elle n'a pas toujours
rempli le but que s'était proposé son
auteur ; il est au contraire facile de
démontrer que cet instrument est dangereux. En effet , veut-on s'en servir
pour empêcher un cheval de battre
à la main , on le contrarie et on le
confirme dans son défaut, parce qu'il
y a double sujétion. S'agit-il de l'empêcher de porter au vent, on tient la
martingale courte : on croit d'abord
qu'il se ramenera ; mais au contraire,
il tend le nez plus fort , parce qu'il
trouve un point d'appui plus doux
et plus ferme que dans la main ; ne
ressentant plus les effets de celle-ci ,
alors il s'abandonne sur les épaules,
et n'exécute ce que le cavalier lui
demande qu'avec peine.

Mettez une martingale à un cheval
qui se cabre ; bientôt vous le verrez

quitter ce défaut pour en prendre un contraire , et se défendre d'une manière non moins vigoureuse.

Je considère donc que la martingale est un pur objet d'ornement plutôt qu'utile ; car dans le manége, je n'ai jamais vu en résulter rien de satisfaisant.

TROISIÈME PARTIE.

École du Cheval.

CHAPITRE PREMIER.

Termes de l'Art.

Rien n'importe davantage à la connaissance d'un art que les termes qui
lui sont propres, et cette réflexion
s'applique également à l'équitation.
Je ne chercherai pourtant pas à donner
de cet art des définitions différentes
de celles que nous avons de tant
d'hommes de génie ; je me permettrai
seulement d'ajouter quelques observations, suivant qu'il en sera nécessaire.

Par *manége*, on n'entend pas seulement le lieu où l'on exerce les chevaux ; on comprend aussi sous ce terme l'exercice qu'on leur fait faire. Le manége, regardé comme l'exercice que l'on fait faire à un cheval, est la manière de le dresser à toutes sortes d'airs.

L'*air* d'un cheval est cette belle attitude qu'il doit avoir dans ses différentes allures ; c'est aussi le mouvement qu'il fait dans chaque allure naturelle ou artificielle.

Changer de main, est l'action que fait le cheval avec les jambes, lorsqu'il change de pied pour galoper, soit à droite, soit à gauche ; ainsi, changer de main, c'est en réalité changer de pied.

La *piste* est le chemin que décrit le cheval en marchant. Un cheval va d'une piste ou de deux pistes : il va d'une piste, lorsqu'il marche droit sur une même ligne et que les hanches suivent celle des épaules. Il va de deux pistes, quand il va de côté et que les épaules décrivent une ligne et les hanches une autre.

Les *aides* sont les moyens dont le cavalier se sert pour conduire son cheval et le secourir. Ces moyens consistent dans les différens mouve-mens de la main et des jambes.

Les *aides fines* s'entendent aussi bien de l'homme que du cheval ; le premier a les aides fines, quand ses mouvemens sont justes et peu appa-rens, et qu'en gardant son équili-bre, il aide son cheval avec aisance et avec grâce. On dit qu'un cheval a les *aides fines*, quand il obéit au moindre mouvement de la main et des jambes.

Rendre la main, c'est le mouvement que l'on fait en baissant la main de la bride, pour adoucir ou pour faire quitter le sentiment du mors sur les barres.

S'attacher à la main, c'est lorsqu'un cavalier a la main rude et qu'il en forme un point d'appui pour servir à sa tenue ; ce défaut est si grand, qu'il peut mettre en danger de la vie celui en qui il se rencontrerait. On ne peut donc trop s'appliquer à le corriger dans ceux qui l'auraient contracté par crainte ou par défaut d'instruction.

Tirer à la main, est un défaut qui regarde le cheval ; c'est lorsque, par ignorance ou par désobéissance, il raidit sa bouche contre la main du cavalier, en tirant ou en levant le nez. J'ai remarqué que presque tous les chevaux qui tirent à la main, ont le devant faible, les reins ou les hanches. Comme ils ne sont pas susceptibles d'un travail soutenu, ils cherchent à s'affranchir de la sujétion du mors.

J'en ai vu d'autres, mais plus rarement, tirer à la main par malice ; et
quand ils pouvaient la gagner, ils fai-
saient des sauts qui souvent désar-
çonnaient leur cavalier.

Peser à la main, c'est lorsque le
cheval appuie trop sa tête sur le mors
et l'appesantit sur la main ; en sorte
qu'on est, pour ainsi dire, obligé de
la porter : c'est le défaut ordinaire
des chevaux faibles du devant, des
reins ou des hanches, ou qui souf-
frent dans quelques-unes de ces parties. Les barres rondes et charnues,
une main dure, une tête pesante et
la ganache trop serrée, peuvent contribuer à ce défaut. Ces sortes de chevaux sont difficiles à ramener ; il est
dangereux, dans une manœuvre, de
les placer au premier rang : la plupart
s'emportent et sont sujets à buter.

Battre à la main, c'est le défaut des
chevaux qui n'ont pas la tête assurée,

ni la bouche faite, et qui, pour éviter
la sujétion du mors, secouent et donnent des coups de tête. Mais beaucoup de chevaux ne battent à la main
que par la faute du cavalier, soit qu'il
ait la main trop dure, soit que, pour
emboucher son cheval, il place le
mors trop près des crochets, et le
force à éviter l'appui. Souvent aussi
il vient de la conformation des barres,
sur-tout quand elles sont tranchantes,
peu charnues, et que le cheval peut
loger la langue sans que son épaisseur
vienne à leur secours.

Faire les forces, c'est un mouvement très-désagréable que font certains chevaux en ouvrant la bouche,
en portant continuellement la mâchoire inférieure de gauche à droite,
et de droite à gauche; c'est le défaut
des bouches faibles; et s'ils ne sont
déjà tiqueurs, ils finissent au moins
souvent par le devenir. Ce défaut est
assez rare.

L'*appui* est ce sentiment que produit l'action du cheval sur la main du cavalier, et réciproquement l'action que la main du cavalier opère sur les barres du cheval.

La *parade* est la manière d'arrêter un cheval à la fin de sa reprise; ainsi, parer signifie *arrêter*. Ce terme n'est plus guère en usage.

La *reprise* n'est que la leçon réitérée qu'on donne à un cheval; et on dit qu'il a fait tant de reprises, pour exprimer combien il a reçu de leçons.

Marquer un demi-arrêt, c'est lorsqu'on retient la main de la bride près de soi pour retenir le devant d'un cheval qui s'abandonne ou s'appuie sur le mors, ou lorsqu'on veut le ramener ou le rassembler.

Ramener, c'est faire baisser la tête ou le nez à un cheval qui tire à la main, ou qui porte le nez au vent.

6 *

Rassembler un cheval , ou le tenir ensemble , c'est le raccourcir dans son allure ou dans son air pour le mettre sur les hanches ; ce qui se fait en formant des demi-arrêts pour retenir le devant , chasser ensuite les hanches avec les gras des jambes.

On sent que son cheval est rassemblé , quand il est d'aplomb , léger à la main , et que son action est soutenue et cadencée. Il faut que le cheval , en augmentant l'action de ses mouvemens , n'augmente point son allure.

Être dans la main et dans les jambes , se dit d'un cheval parfaitement dressé et qui obéit à leur impression , quand vous voulez le porter en avant , le faire reculer , tourner à droite ou à gauche ou fuir des talons , sans se précipiter ni se traverser.

Renfermer , c'est tenir beaucoup ensemble un cheval qui est assez avancé pour le mettre dans la main et dans les jambes. On renferme un cheval toutes les fois qu'on veut le faire passer d'une allure à une autre; alors il change avec plus de facilité et plus de grâce.

On dit qu'un cheval est *bien mis*, quand il est bien dressé.

Un cheval *se traverse* lorsque sa croupe se dérange de la piste qu'elle doit décrire; ce qui arrive le plus souvent par l'ignorance du cavalier, qui met trop de force dans les jambes, ou qui se sert toujours de l'une au lieu de l'autre.

Le cheval *s'accule*, lorsqu'allant de côté, il fait marcher les hanches avant les épaules. Pour corriger ce défaut, on forme des demi-arrêts, ensuite on approche la jambe du côté que le cheval s'accule, et on fait en sorte que les épaules ne quittent pas la ligne qu'elles doivent parcourir. Ainsi, au moment où l'on sent que le cheval ralentit les hanches , pour donner le temps aux épaules d'entamer la marche , il faut l'arrêter un temps , afin qu'il ne se porte point en avant.

Harper , c'est l'allure des chevaux qui ont des éparvins secs ; ce mouvement se fait de la hanche avec précipitation , au lieu de plier le jarret.

Piaffer , c'est l'action que le cheval fait , quand il passage dans une même place en pliant les bras , en levant les jambes avec grâce , sans se traverser , sans avancer ni reculer , et en demeurant attentif aux mouvemens des mains et des jambes du cavalier.

Trépigner , c'est le défaut de ceux qui piaffent mal et par impatience ou par trop d'ardeur ; au lieu de soutenir la jambe haute , ils précipitent leurs mouvemens. C'est ce qu'on appelle *battre la poussière*. Il faut à ces sortes de chevaux un cavalier qui ait

beaucoup de patience et de douceur
dans la main.

Doubler : on distingue deux doublers , le large et l'étroit ; le doubler
large a lieu lorsqu'on tourne un cheval au milieu du manége pour aller
gagner le mur qui se trouve vis-à-vis
du cavalier , sans changer de main.
Le doubler étroit se fait dans un carré
qui forme le quart ou le sixième du
manége.

Falquer , est l'action que fait le
cheval en coulant les hanches basses
à l'arrêt du galop.

Fermer une demi-volte : cela s'entend
de la fin d'un changement de main ou
d'une demi-volte , lorsqu'un cheval
doit arriver les quatre jambes ensemble
sur la nouvelle ligne de la muraille opposée pour reprendre à l'autre main.

Travailler de la main à la main , c'est
lorsqu'on tourne un cheval avec la
main sans l'aider beaucoup des jambes.

On dit *secourir* un cheval, quand on l'aide avec les jarrets ou les jambes, au moment où l'on s'aperçoit qu'il veut s'arrêter ou ralentir son allure.

Chevaler, c'est lorsque le cheval, en allant de côté, passe les jambes de dehors par-dessus celles de dedans.

Par les mots *dedans* et *dehors*, on entend la droite et la gauche ; je suppose que le cavalier aille à gauche, le mur se trouvera à sa droite : tout ce qui tient à cette partie, est appelé *parties de dehors*. L'épaule, la main et la jambe gauche sont alors celles de dedans. On dira donc pour fermer la jambe droite, *fermez la jambe de dehors ;* et pour la gauche, *fermez celle de dedans.*

CHAPITRE II.

*Des différentes natures des chevaux ;
des défauts et des vices qui y sont
attachés , et des moyens de les
corriger.*

JE ne disconviendrai pas d'abord qu'il
se trouve des chevaux naturellement
vicieux , et que l'on parvient rarement
à corriger ; mais il en est aussi , et
c'est le plus grand nombre , dont les
défenses sont bien moins l'effet de
leurs défauts naturels, que de l'ignorance ou de la brutalité du cavalier.
Que l'animal, jeune , ignorant, difficile et faible , soit opiniâtre et se
révolte, rien de plus ordinaire ; il ne
sait ce que vous exigez de lui, ou
vous lui demandez par-delà ses forces. Mais redoublez de soins et de
patience ; et bientôt vos leçons se

convertiront en habitude, et le ren-
dront souple et obéissant.

Un cheval ne veut point exécuter ?
ce défaut peut procéder d'ignorance,
d'impatience, et plus souvent de ma-
lignité et de lâcheté ; dans ces deux
derniers cas, usez de rigueur, mais
ne l'employez qu'avec prudence. Il
faut, avant tout, avoir épuisé les
moyens de douceur.

Le cheval ne peut exécuter ? exami-
nez-le; il péchera dans quelque partie
de son corps ou dans toutes : mais
ayant découvert d'où provient sa résistance, vous vous conduirez toujours
d'après cette découverte. S'il ne peut
parce qu'il ignore, vous l'instruirez ;
si c'est l'effet de ses défauts naturels,
vous appellerez l'art à votre secours ;
s'il sait et qu'il peut sans vouloir,
c'est encore à l'art que vous devez
recourir. D'où je conclus que pour
devenir un instructeur habile, il faut

avoir le talent de connaître d'où pro-
viennent les défauts d'un cheval.
On n'obtient cette connaissance qu'à
l'aide d'une étude suivie et d'une expérience raisonnée.

La nature, si variée dans ses autres
productions, ne le semble pas moins
dans celle des chevaux. En effet, leurs
différences sont innombrables. Il en
est de générales, il en est de particu-
culières, mais qui tiennent toujours
des autres : si le cheval défectueux se
compose de faiblesse, de lâcheté et
de paresse ; le cheval parfait est celui
qui réunit la force et la légèreté au
courage et à l'intelligence. Du mé-
lange de ces bonnes et mauvaises qualités, dérivent les différentes natures
des chevaux ; c'est la discordance dans
ces qualités qui décide presque toujours de leur caractère.

Un cheval est-il difficile au montoir ; appliquez-vous à connaître la

cause de ce défaut : vous la trou-
verez ou dans la crainte et l'ignorance, ou dans la brutalité de ceux qui
l'ont monté ou voulu monter. Il est
des chevaux qui sont châtouilleux,
qui craignent le moindre frottement.
Des hommes se flattent, par des
moyens durs, de les corriger en peu
de temps : ils ne font que les réduire ;
et ces sortes de chevaux étant reposés,
sont plus craintifs qu'auparavant, souvent pour avoir reçu des châtimens
appliqués mal à propos, tandis qu'il
fallait leur inspirer la confiance. Il
faut employer envers ces chevaux
la douceur et la patience, chercher
à bannir cette crainte en les caressant.

Avant de monter à cheval, passez
la main sur tout leur corps, frappez
doucement sur le siége de la selle ;
essayez de chausser l'étrier ; si vous
y parvenez, gardez-le quelque temps,
en frappant sans surprise de la main

droite sur le siége ; quittez-le ensuite, et continuez à caresser le cheval. Après cela, élevez-vous sur l'étrier, entrez légèrement en selle ; flattez-le encore. S'il voulait s'échapper, retenez-le quelque temps dans la même place, et descendez. Réitérez plusieurs fois cette même leçon, et bientôt votre cheval n'appréhendera plus le montoir.

Il est aussi dangereux que désagréable d'avoir des chevaux difficiles au montoir.

Il est des chevaux qui contractent cette haine du montoir par la faute des cavaliers, qui n'ont pas l'attention de visiter leur équipage avant de monter. J'en ai vu plusieurs se défendre, parce qu'il se trouvait une boucle, un ardillon, un contre-sanglot, et même jusqu'à un étrier sous la selle. La croupière trop courte peut produire le même effet. Combien de chevaux blessés par cette négligence!

La plupart des jeunes chevaux refusent de passer ; et souvent c'est de
cette première désobéissance que
plusieurs sont gâtés, ruinés même,
avant d'avoir atteint l'âge du travail.
Qu'on ne s'en étonne point ; rien
n'est plus naturel : des chevaux qui
ont joui d'une entière liberté , se
sentent assujettis ; le mors fait sur
eux un effet si surprenant, que son
propre poids suffit pour les retenir
quand leur bouche est trop tendre ;
mais insensiblement la douceur, la
patience et les caresses leur font oublier la sujétion dans laquelle on veut
les tenir. La force employée dans ce
cas, alarmerait le cheval, lui ferait
perdre pour ainsi dire la tête, et il
pourrait contracter quelque vice que
l'on corrigerait difficilement.

Quand on veut faire porter un jeune
cheval en avant, il faut le laisser libre
de la main, l'appeler doucement de

la langue , et s'il ne répond pas , lui montrer la chambrière en se plaçant derrière lui ; si au contraire il voulait reculer , les mêmes moyens seraient employés , et peu-à-peu vous parviendrez à le rendre franc et hardi.

Les *chevaux ombrageux* sont presque tous timides : si ce défaut provient de peur naturelle , le cavalier doit conduire doucement son cheval sur l'objet qu'il veut éviter, en se servant à propos de la voix ou des jambes ; s'il refuse d'avancer, il le pince légèrement des éperons : font-ils effet ; il le flatte , et progressivement l'accoutume à se porter sur les points qui ont coutume de l'effrayer. Mais le défaut que nous attaquons est-il dans la conformité de la vue , il n'y a aucun espoir de le corriger. Le cheval se familiarisera avec plusieurs objets ; mais il suffira de perdre un instant de vue la défiance dans laquelle on doit être , pour s'exposer à quelque danger.

On reconnaît qu'un cheval *est lâche* et sans cœur, à son insensibilité pour les châtimens et à la lenteur de son allure pesante. En vain , pour guérir le vice dont il est atteint , vous emploieriez toutes les ressources de l'art; elles seront toujours sans succès , tant ces sortes de chevaux sont incapables d'obéissance.

Des mouvemens toujours engourdis , voilà ce qui caractérise les *chevaux paresseux* : ceux-ci sont rarement légers et portés au travail ; mais en les réveillant par l'application bien ménagée des châtimens , vous pouvez en tirer parti.

L'*impatience* est causée par une ardeur et une sensibilité trop vives ; il n'y a que la prudence et l'attention qui puissent la calmer : les chevaux en qui elle se rencontre sont d'autant

plus précieux , que quand ils sont
bien dressés , ils donnent en quelque
sorte leçon à leur cavalier ; la déli-
catesse de leur bouche , la finesse de
leurs aides , sont telles , que celui qui
les monte ne peut faire un mouvement qu'ils n'y répondent : mais on
doit avertir que ces chevaux ne con-
viennent qu'à une main savante. Si
on les donnait à quelques commençans , ceux-ci , déplacés continuellement par l'agitation qu'ils éprouve-
raient , gâteraient le cheval , et la leçon serait perdue.

Les *chevaux colères* sont ceux qui
s'offensent des moindres châtimens ;
ils sont ordinairement vindicatifs :
vous reconnaissez ce défaut , quand
au moment que vous les châtiez , ils
rassemblent leurs forces , se dé-
fendent , sans cependant changer leur
allure. Si l'on n'y prête une sérieuse
attention , ils pourront devenir ramingues.

La *malice* est un autre défaut naturel, qui fait que les chevaux retiennent leurs forces et ne vont que
malgré eux : ils épient avec attention
l'instant où ils auront la liberté de
se défendre ; ils cherchent à gagner
la main pour employer toute leur
vigueur et leur malice pour se défaire
de leur cavalier.

Ces défauts naturels dégénèrent
souvent en vices, tels que d'être vicieux, rétifs, ramingues et entiers.

Le *cheval vicieux* par suite des
coups qu'il a reçus ou des agaceries
qu'il a éprouvées, devient méchant
au point de mordre et de ruer celui
qui l'approche : il est très-dangereux
pour un cheval de guerre d'avoir ce
vice. Je ne puis dissimuler cependant
qu'il y en a beaucoup plus de cette
sorte qui le sont par la faute du cavalier que par celle de la nature.
Souvent il en est puni ; chaque jour

il

il se trouve exposé à en recevoir quelque blessure. On ne peut donc trop surveiller ceux qui seraient dans le cas d'agacer leurs chevaux au point de les rendre méchans.

Je le répète, il est des chevaux qui retiennent leurs forces par malice : s'agit-il d'avancer, de reculer ou de tourner soit à droite ou à gauche, ils ne veulent obéir à aucune aide ; ils résistent aux châtimens ; en un mot, ils sont *rétifs*. Ce vice tombe particulièrement sur les chevaux châtouilleux. On en voit qui n'avancent jamais, et reculent continuellement ; ce qui est très-dangereux et pour le cavalier et pour le cheval, qui courent risque de se précipiter tous deux. J'observe ici que les chevaux deviennent rétifs, ou parce qu'ils sont trop châtiés, ou parce qu'ils sont trop libres entre les mains d'un cavalier qui les craint : de là je tire cette conséquence,

7

que la dureté et la crainte sont également déplacées dans l'homme de cheval.

Le *ramingue* est celui qui se défend contre les éperons, qui les souffre sans sortir de la place qu'il occupe, qui rue à la botte ou détache la ruade, fait des sauts de mouton, se jette de côté, recule ou se cabre au lieu de céder à la volonté de son cavalier. Ces chevaux sont dangereux : il faut avoir beaucoup de fermeté et de hardiesse pour les monter; car ils fournissent souvent de furieux sauts. Il y en a aussi qui tournent continuellement, s'arrêtent tout-à-coup, se cabrent, font un saut en avant, et finissent par quelques pirouettes. Le cavalier, dans ce cas, doit avoir du sang-froid; rien n'est plus propre à le lui faire perdre que des sauts aussi multipliés, qu'il est difficile de prévenir et d'empêcher,

Il doit sur-tout éviter de se laisser
gagner la main et de se raccrocher
des talons ; car il est si ordinaire
d'oublier les règles de l'art , quand
on est travaillé par la crainte , que
j'ai vu des hommes monter de ces
chevaux , ne pouvoir relâcher leurs
jambes ; leurs éperons semblaient au
contraire attachés au corps du cheval.
On sent parfaitement que cette inattention , en les exposant aux plus
grands dangers , donnait aux chevaux
l'occasion de redoubler leur défense.

Le *cheval entier* est celui qui refuse
de tourner, plutôt par ignorance et
faute de souplesse , que par malice :
il arrive quelquefois qu'il ne l'est
qu'à une main , parce qu'on aura
voulu trop tôt l'assujettir. Ce vice ne
paraît point d'abord conséquent ; cependant lorsqu'on n'emploie pas à
temps les principes pour le détruire,
le cheval peut devenir ramingue ou

rétif. Un cheval n'est-il entier que par ignorance ; avec de la patience et du moelleux dans la main, vous le ferez tourner et vous assouplirez le côté qui se refuse. Quand il arrive que des chevaux sont entiers plutôt à une main qu'à l'autre, la faute en vient souvent des cavaliers qui manquent de tact, laissent prendre un appui trop ferme du côté que le cheval est enclin à ne pas tourner. Enfin le sentiment des barres finit par devenir sourd ; le cheval ne veut plus obéir ; il est entier.

La cause générale de ces défauts et de ces vices n'est pas toujours naturelle, puisqu'ils viennent souvent de ce que les chevaux sont montés trop jeunes, ou de la faute de ceux qui les montent, qui s'imaginent pouvoir tout exiger d'un jeune cheval plein d'ardeur et de gaieté. Ce n'est pas assez que de le monter ; il faut,

comme je l'ai dit, connaître sa structure, ses forces et ses dispositions ;
sans cela, loin de le dresser, vous lui
forcerez les reins, vous lui ruinerez
les jarrets et gâterez sa bouche pour
toujours.

L'âge le plus convenable pour
dresser les chevaux, est depuis cinq
ans jusqu'à sept, suivant les pays
d'où ils sont tirés.

CHAPITRE III.

Des Aides et des Châtimens.

ON aide ou on châtie un cheval, en se servant de la main, de la bride et du bridon, des cuisses, des jarrets, des gras de jambes, du pincer délicat de l'éperon, de la gaule, de l'appel de la langue, et en pesant sur les étriers.

Les *aides tirées de la main*, sont pour déterminer les mouvemens des épaules, selon la volonté du cavalier; conséquemment les jambes gouvernent les mouvemens des hanches. C'est avec l'intelligence parfaite de ces parties que l'on parviendra à rendre le cheval souple, obéissant et agréable; sans elle on ne peut espérer de devenir homme de cheval.

L'*aide des cuisses* se fait en pressant également le gras des cuisses pour chasser un cheval en avant. Cette

aide est infiniment secrète, mais elle
ne peut se faire sentir de tous les
chevaux ; cela dépend de leur sensibilité et du degré de leur instruction.
Tout homme ne peut s'en servir indistinctement. Lorsqu'il est parvenu
à se servir de cette aide avec succès,
il peut faire manéger son cheval sans
que l'on s'en aperçoive, parce que les
mouvemens des cuisses sont imper-
ceptibles.

Il faut, pour user de cette aide,
avoir bien attention de ne mettre de
force que dans les parties qui doivent
agir ; sans cela, elle serait sans effet,
et plutôt que d'aider le cheval, le
dérangerait de son allure, et vous
ferait vaciller dans votre position.

L'*aide des jarrets* se fait en les serrant avec force, pour déterminer le
cheval à se porter en avant : cette aide
peut être plus vigoureuse que celle
des cuisses. Un cavalier qui a de la

force dans ces parties , doit en tirer du secours : il peut tenir son cheval renfermé et le rassembler , sans recourir à l'effet des jambes. Si ce mouvement est mal exécuté, ou exécuté à contre-temps , il en résulte le même défaut que de l'aide des cuisses quand l'homme y apporte de la raideur.

L'*aide des gras de jambes* , se fait en les approchant moelleusement du corps du cheval ; par-là on l'avertit que s'il ne répond pas à ce que le cavalier lui demande , l'éperon n'est pas éloigné. Ce mouvement doit se faire avec aisance , parce que l'effet en est apparent. Il arrive dans la plupart des cavaliers , qu'en fermant les deux jambes ensemble , soit pour porter leurs chevaux en avant, soit pour les rassembler, les reins se relâchent , le haut du corps se penche vers l'encolure du cheval , et fait dans

ce moment une espèce de bascule. Il
en est aussi, et c'est la plus grande
partie, qui ne peuvent fermer une
jambe sans l'autre, la gauche sur-
tout ; ce qui fait que souvent, dans
le travail individuel, l'instructeur est
trompé, s'il n'a l'attention de veiller
à ce défaut. Il en est enfin qui ne
peuvent les fermer toutes deux ensemble sans réunir leurs forces : ceux-
ci se raccrochent, enveloppent en
quelque sorte le corps du cheval ; et
l'on aperçoit qu'ils s'estropient jusqu'aux chevilles des pieds pour chercher un point de tenue qui puisse les
rassurer sur la crainte qu'ils ont de
tomber. Ces défauts naissent souvent
de l'inattention d'un instructeur, qui
croit avoir tout enseigné quand il a
dit à un commençant, *approchez* ou
fermez telle ou telle jambe. Qu'ils se
trompent, ceux qui négligent les détails de l'instruction ! s'ils savaient

7 *

combien il est essentiel de faire connaître aux élèves l'effet des jambes et la manière de s'en servir, ils y apporteraient plus de soin ; car je regarde celui qui les ignore, comme continuellement exposé aux plus grands dangers.

Les *éperons* sont tout-à-la-fois aide et châtiment; ils ne sont aide qu'autant que l'on s'en sert avec légèreté ; mais il faut être instruit pour connaître la gradation de force qui doit être mise dans cette action , afin que l'aide ne devienne point châtiment. On se sert des éperons en fermant les jambes derrière les sangles , sans à-coup , en tournant un peu la pointe du pied en dehors , afin de disposer la mollette à se trouver vis-à-vis le corps du cheval ; ensuite appuyer plus ou moins vigoureusement les talons , selon la sensibilité du cheval.

Quelle attention ne doit - on pas avoir pour employer ce moyen , soit

comme aide , soit comme châtiment!
combien de cavaliers en abusent et
ne connaissent que cette rigueur pour
faire obéir leurs chevaux ! Aussi qu'en
résulte - t - il ? que des chevaux qui
n'avaient aucune disposition pour se
défendre , deviennent méchans et
ramingues. On est surpris de les voir
devenir subitement vicieux ; sans consulter ce qui peut les avoir rendus tels,
on emploie de nouveaux châtimens
pour les corriger, tandis qu'il ne faut
que de la douceur : aussi ne font-ils
que s'endurcir.

Rien d'aussi dangereux dans une
manœuvre , que le cavalier qui a la
mauvaise habitude de se servir im-
prudemment de ses éperons , soit
parce qu'il n'aime point son cheval,
ou qu'il a les genoux serrés , soit
enfin parce qu'il a pris de l'humeur
pour avoir été réprimandé de quelque
inattention ; il expose ceux qui sont

derrière lui à recevoir quelques coups
de pied du cheval , qui , dans cet
instant , rassemble ses forces pour se
défendre des tracasseries qu'il éprouve.
La force avec laquelle on le retient
pour qu'il ne dépasse point l'alignement, le porte à se rebeller , et souvent à détacher la ruade ; ce qui cause
toujours un dérangement dans l'ordre
de la manœuvre.

Beaucoup de cavaliers approchent
les éperons par à-coup , et d'autres
avec crainte ; quand les premiers les
font sentir , c'est avec colère. La
plupart portent les jambes en avant
pour les élancer ; par ce moyen ils
les ferment avec plus de force ; ils
retiennent en même temps le devant
par une saccade , ou l'abandonnent
entièrement. Alors le cheval , surpris ,
se cabre , rue , se défend , ou s'élance
avec emportement en se précipitant
sur les épaules. Je pense qu'il m'est

inutile de déduire les inconvéniens
que de telles fautes peuvent entraîner;
il ne faut qu'avoir une légère teinture
d'équitation pour pouvoir en juger.

Ceux qui approchent les éperons
avec crainte, commencent à se raidir
sur la main de la bride, en fermant
totalement les jambes contre les sangles; ce qui rend l'aide ou le châtiment sans effet.

Le *peser sur les étriers*, est l'aide la
plus douce; mais tous les chevaux ne
sont pas susceptibles de cette déli-
catesse qui la rend utile. Il faut beaucoup d'obéissance et de sensibilité
pour déterminer un cheval à obéir à
ce mouvement. Cette aide ne convient qu'à des chevaux fins ; on ne
pourrait s'en servir pour les chevaux
de guerre, à moins qu'un instructeur, jaloux d'acquérir de la finesse
dans ses aides, ne voulût essayer de
conduire son cheval par ce moyen.

L'aide de l'*appel de la langue* : la manière d'exécuter ce coup est connue de tout le monde. Je n'en parle que comme aide souvent utile dans le manége ; elle encourage, égaie et rend attentif le cheval : mais il ne faut pas en abuser ; le cheval contracterait l'habitude d'entendre ce bruit, et n'y ferait aucune attention. Il y a beaucoup de cavaliers qui ont la mauvaise habitude d'appeler continuellement leurs chevaux ou de les siffler ; c'est un défaut aussi désagréable qu'inutile dans ses résultats.

L'*aide de la gaule* ne peut être utile que pour dresser les jeunes chevaux, ou dans la leçon qu'on donne aux instructeurs. Elle est aide et châtiment. La première action s'opère en la faisant siffler près des oreilles du cheval ; ce qui l'anime et le rend léger à la main ; mais elle devient châtiment quand on l'en frappe : on en tire

avantage lorsqu'on a un cheval qui
rue continuellement, en lui en appli-
quant quelques coups serrés sur l'é-
paule ; mais il faut saisir le moment
que les hanches vont retomber à terre ;
alors le cheval, occupé de cette correction en se sentant frappé sur le
devant, est obligé d'oublier les ruades
pour porter son attention sur le châtiment qu'il vient d'essuyer. On peut
encore s'en servir utilement pour ré-
veiller les mouvemens engourdis des
épaules et des hanches.

La *chambrière* est aussi aide et châtiment. Elle est aide, quand on s'en
sert seulement à la montrer au cheval,
en la frappant à terre ou en lui appli-
quant légèrement quelques coups vers
l'épaule ; mais elle devient châtiment
envers les chevaux rétifs et ramingues,
quand on doit les en frapper : on
n'est pas toujours obligé de s'en servir avec rigueur ; souvent les chevaux

n'ont qu'à l'apercevoir pour obéir.
Elle est très-utile pour les jeunes chevaux que l'on fait trotter à la longe,
et pour ceux qui sont paresseux ou
qui ont quelques dispositions à devenir vicieux.

Il ne suffit pas de distinguer les
aides des châtimens, mais il faut
encore connaître le naturel d'un cheval pour en faire bon usage, en pro-
portionnant les unes et les autres :
il ne faut pas non plus croire qu'en employant ces principes, on peut tirer
tout le parti que l'on voudrait exiger
d'un cheval : on se tromperait ; la
plupart des fautes que commettent les
chevaux, viennent, je ne cesserai de
le répéter, de l'ignorance de ceux qui
les montent, ou de la faiblesse de
l'animal.

Quand on aide ou qu'on châtie un
cheval, il faut beaucoup de subtilité
pour saisir le moment auquel la faute

est commise ; sans cela, les châtimens
que l'on emploierait deviendraient plus
dangereux qu'utiles. Je recomman-
derai toujours qu'on ne châtie jamais
un cheval par humeur ou par colère,
mais toujours de sang-froid. Enfin,
l'on peut dire que le cavalier qui sait
se servir de ses aides et employer les
châtimens à propos, possède une des
plus précieuses qualités de l'homme
de cheval.

CHAPITRE IV.

Des Allures naturelles.

Du Pas.

TOUTES les allures des chevaux de guerre doivent être franches, étendues et soutenues. Je parlerai de chacune d'elles, et je démontrerai le besoin de ces qualités.

Le *pas* est de toutes les allures la plus rapprochée de terre, la plus lente et la plus douce. Dans le mouvement que fait un cheval allant au pas, il lève les deux jambes qui sont opposées, l'une de devant et l'autre de derrière. Par exemple, la jambe droite de devant est levée pour se porter en avant, la gauche de derrière suit le même mouvement; ainsi de suite. Quatre mouvemens égaux marquent la cadence du pas.

On reconnaît deux sortes de pas ; le *pas de campagne* et le *pas d'école*. Le premier est un pas alongé et soutenu, qui est précisément celui que doivent prendre les chevaux quand ils sont en route ou à la manœuvre. Ce pas, dans une marche réglée, doit être de cent vingt par minute, supposant que chaque pas aura trois pieds d'étendue. Le pas d'école est raccourci, soutenu et rassemblé. Dans ce pas, il semble que le cheval règle la justesse de ses mouvemens sur le terrain qu'il doit parcourir, afin de ne pas alonger un pas plus que l'autre. C'est un des moyens les plus sûrement employés pour faire la bouche à un cheval, lui fortifier la mémoire, et le rendre attentif à la leçon que veut lui donner son cavalier. En travaillant un cheval sur ce pas, on lui apprend à connaître la main de la bride, les aides des jambes, et même

le châtiment des éperons : mais avant
de donner cette leçon , il faut avoir
soin d'assouplir le cheval par le trot.
Quand il commence à bien trotter ,
vous raccourcissez peu - à - peu son
pas , en le rassemblant et en le tenant
renfermé dans les jambes : vous le
conduisez sur un grand cercle , et
l'obligez , en décrivant une ligne circulaire , d'être plus attentif qu'en
parcourant le large.

Il n'est point donné à tous les
chevaux de pouvoir prendre le pas
d'école , sur-tout ceux qui ont le
corps fort alongé ; d'où il résulte que
les extrémités étant fort éloignées ,
ils ne peuvent facilement les rappro-
cher , et sont forcés en quelque sorte
d'avoir le pas plus étendu.

Dans ceux qui ont les reins courts ,
les extrémités se trouvent plus rapprochées ; ils sont plus susceptibles
de marcher le pas d'école ; mais

il faut se garder de le leur enseigner :
il faut, au contraire, leur faire prendre, autant qu'il est possible, le pas
de campagne ; sans cela, lorsqu'ils
se trouvent à la manœuvre, ils trottent
ou galopent sans cesse, et en trou-
blent l'ordre.

Le Trot.

Le trot est le premier exercice que
l'on enseigne au cheval ; mais s'il
n'est pas donné avec jugement, il devient préjudiciable. Tous les auteurs
qui ont écrit sur l'équitation, recon-
naissent que le trot est le fondement
des leçons qu'on doit donner à un
cheval : mais ils se sont toujours con-
tentés de donner des principes généraux, et aucun d'entre eux n'est
descendu dans le détail des règles
particulières, sur-tout de celles qui
concernent le manége militaire. Il est
cependant bien des cas où les différentes conformations ou dispositions

des chevaux rendent les règles nécessaires ; et si l'on s'attachait indistinctement à des méthodes générales,
on verrait des chevaux se révolter
contre la volonté du cavalier, devenir pesans et ruinés plutôt que
souples et légers, ce qui est le but
de la leçon donnée au trot.

Les effets du trot sont d'alléger le
cheval, de lui donner de l'appui, de
la légèreté et de la souplesse : dans
cette action, qui est plus relevée que
le pas, les mouvemens sont plus durs,
plus violens, et par conséquent moins
agréables. Au trot, le cheval est porté
d'un côté sur une jambe de devant,
et de l'autre sur une jambe de derrière ; de sorte que son corps est toujours soutenu obliquement, comme
allant au pas ; mais il n'est marqué
que par deux mouvemens, parce qu'il
lève et pose simultanément les jambes
opposées.

Le trot doit être déterminé, délié et uni : ces qualités si nécessaires ont entre elles une dépendance absolue, et participent l'une de l'autre ; car on ne peut passer au trot délié sans avoir passé par le trot déterminé, et on ne peut parvenir au trot uni sans avoir fait connaître au cheval le trot délié. On commence ordinairement par le trot déterminé, c'est-à-dire, par celui dans lequel le cheval trotte sans se retenir ni se traverser ; mais avant de rien entreprendre, il faut accoutumer un jeune cheval à embrasser sans peine et sans crainte le terrain qu'on lui présente à parcourir.

Le trot peut être déterminé sans être délié ; cette allure est la plus ordinaire aux chevaux de guerre. Il en est peu qui aient le trot délié ; on appelle ainsi celui dans lequel le cheval plie alternativement les jointures des bras et des genoux, celles des hanches, des jarrets et des pieds. C'est ce que beaucoup de chevaux ne peuvent faire, sur-tout ceux qui n'ont point encore été montés, dont les membres sont engourdis; ni ceux qui ont les épaules chevillées, les reins faibles et les hanches trop longues ou trop courtes, sans excepter les chevaux paresseux et ceux qui sont travaillés de quelque maladie qui leur affecte les jointures.

Le trot uni est celui dans lequel les mouvemens du cheval sont tellement égaux, que ses jambes n'embrassent jamais plus de terrain dans un temps que dans un autre. C'est de cette action que l'on tire le plus grand avantage pour amener le cheval au pas d'école.

Quand on veut passer du trot déterminé au trot délié, il faut renfermer peu-à-peu son cheval sitôt que l'on

l'on s'aperçoit qu'il a acquis la souplesse nécessaire pour manier avec
liberté, on le renferme insensiblement de plus en plus, et on le conduit au trot uni.

Les chevaux qui ont de l'ardeur
sont ordinairement disposés au trot
déterminé; il faut pour eux beaucoup
de sagesse et de patience. Travaillez à
les modérer et à les apaiser tout en
les retenant; calmez leur impatience;
et bientôt ils acquerront cett: doci-
lité tant recherchée dans un cheval
courageux.

Le cheval est-il pesant; portez votre
attention sur toutes ses parties, afin
de connaître si c'est engourdissement
dans les épaules ou dans les jambes,
ou si c'est manque de force ou l'effet
d'un exercice violent : s'il est pesant
parce que les mouvemens de ses bras
et de ses épaules sont froids et paresseux, et que cependant les membres

soient bons et sa force retenue, vous pouvez l'assouplir par l'exercice modéré du trot. Enfin, on soutient ces chevaux sans les retenir ; mais en les soutenant, il faut les chasser en avant.

Les chevaux qui sont ramingues, ou qui ont des dispositions à le devenir, doivent être exercés au trot déterminé, parce qu'ils ont coutume de rassembler toutes leurs forces pour s'arrêter court et se défendre au moment où ils mériteront châtiment. Comme on ne peut les tenir dans le trot déterminé, à mesure qu'on sent qu'ils se soumettent sans peine à l'obéissance, retenez - lez sans qu'ils s'aperçoivent que vous cherchez à les assujettir ; si en formant des demi-arrêts, qui est le moyen que vous devez employer pour les rassembler, ils répondent comme à un temps d'arrêt, ayez aussitôt la main légère en les chassant moelleusement des jambes, car ils veulent s'arrêter et faire quelque sottise.

On doit faire trotter déterminément les chevaux froids et paresseux qui ont de la force : s'ils s'animent, rassemblez-les pour les conduire au trot délié; s'ils se ralentissent, aidez - les vivement en les chassant en avant, sans cependant les abandonner. Mais s'ils manquent de force dans les reins et dans les jambes, ménagez-les dans le trot; autrement vous les énerveriez. On ne peut avoir trop de ménagement envers les chevaux faibles ; on les exercera lentement et en augmentant peu-à-peu leur travail : il ne faut jamais attendre que la lassitude les accable pour cesser la leçon; il faut au contraire qu'ils soient aussi gais en retournant à l'écurie, qu'ils l'étaient en sortant.

La marque la plus assurée que votre cheval trotte bien et qu'il est souple, c'est lorsqu'en trottant et en le pressant un peu des jambes, il se présente à galoper. Une attention à avoir dans ce cas, c'est quand il se prépare à prendre le galop, d'avoir soin qu'il ne soit point sur les épaules et qu'il reste léger à la main.

Commencez par trotter votre cheval au large, ensuite sur un grand cercle; mais avant faites-lui connaître le terrain au pas. Le travail sur le cercle est une leçon convenable pour le cheval pesant et chargé d'épaule; cette action le contraint à réunir ses forces pour tourner aisément : mais il faut prendre garde d'en abuser, parce que de tels chevaux se mettraient sur les épaules plus que jamais. Le cercle est encore convenable aux chevaux qui ont beaucoup d'ardeur, parce qu'il les oblige également à réunir leurs forces pour pouvoir s'arrondir. Il les oblige encore à se calmer, parce

que le cavalier a plus de moyens d'occuper leur mémoire et de fixer leur
attention.

Quand vous trottez un cheval sur
un cercle, il doit regarder en dedans ;
ses quatre jambes ne doivent décrire
qu'une piste ; de manière que le corps
d'un cheval qui trotte bien en cercle,
doit s'arrondir de la portion de cercle
qu'il occupe. Un défaut dans lequel
on tombe souvent, c'est de chasser son
cheval en avant avec une seule jambe :
qu'en arrive-t-il ? que le cheval se
traverse, et qu'on l'expose à se blesser
en le forçant de chevaler les jambes
de dedans par-dessus celles de dehors.

Celui qui veut diriger son cheval
sur un cercle et augmenter son action
ou déterminer son allure, doit toujours se servir des deux jambes, en
dirigeant avec la main la ligne des
épaules. Ce n'est pas qu'on ne puisse
employer la jambe de dedans ; mais il

faut sentir la rêne de dehors pour
tenir les hanches et les épaules dans
la même direction.

Je viens maintenant à la manière
de trotter un jeune cheval. Il est indispensable de lui mettre, avant de le
monter, deux simples bridons, et de
lui placer sur le nez un cavesson, après
lequel on attachera la longe connue
sous le terme de *plate-longe*. Le cavalier chargé de la tenir restera au centre
du cercle, et l'instructeur qui devra
faire trotter le cheval, sera muni d'une
chambrière, instrument nécessaire
pour effrayer l'animal, qui, voulant
en éviter l'effet, tourne la longueur
de la corde. Mais celui qui tiendra
la longe, aura soin de suivre les mouvemens du cheval en tournant sous
lui-même, parce que s'il sortait du
centre, il obligerait le cheval de se
traverser, et peut-être de se donner
des atteintes. Cependant, comme je

l'ai dit, il faut que le cheval regarde un peu en dedans du cercle ; ce qui s'obtient aisément en amenant un peu sa tête à soi.

Tous les cavaliers ne sont pas propres à tenir la longe, sur - tout quand il s'agit de faire trotter de jeunes chevaux. Ainsi on doit re-commander à celui qui la tient, de ne s'occuper en rien de la leçon qu'on donne au cheval, à moins qu'il ne soit capable de la donner lui-même. Dans ce cas il peut être utile.

Si le cheval refuse de trotter, l'ins-tructeur, armé de la chambrière, cherchera à l'y déterminer, en frap-pant quelques coups à terre ; s'il ga-lope au lieu de trotter, on lui donnera une légère secousse de la longe pour le faire passer au trot : mais toutes les fois qu'on est obligé de donner quel-ques saccades au cheval, soit pour le ralentir dans son allure, soit pour le faire passer d'une allure à une autre ou le calmer, on doit donner ces coups de longe toujours en avant du cheval, en les dirigeant sur le cercle. Il serait très-dangereux de donner des saccades au cheval perpendiculairement; et c'est cependant ce qui arrive presque toujours.

Je suppose qu'un cheval à la longe fasse quelques fautes de gaieté; qu'il galope continuellement, qu'il s'arrête même tout court, qu'il se traverse et se tende sur la longe de manière à forcer quelquefois celui qui la tient de sortir du centre : eh bien, aucune de ces fautes ne vous autorise à lui donner des saccades; vous devez au contraire chercher à l'apaiser par la voix, l'arrêter, vous approcher de lui, le remettre sur le cercle en lui cachant la chambrière et vous retirant au centre; mais si, négligeant ces moyens sûrs, vous

employez la force pour le corriger ,
vous ne tarderez pas à vous apercevoir ce qu'est l'effet d'une saccade
donnée avec colère ; il n'en faut pas
davantage pour perdre les jarrets d'un
jeune cheval. On doit également avoir
le plus grand soin de faire les reprises
courtes , afin de ne point le dégoûter
ni trop le fatiguer. Il doit aussi savoir
s'arrêter à la voix, et, chaque fois qu'il
arrête , se porter de lui-même au
centre.

Qu'un instructeur se garde bien ,
dans ses leçons , de frapper jamais le
cheval par derrière avec la chambrière ;
cette correction s'applique toujours
utilement entre les épaules et les côtes ;
et comme c'est de cette première leçon que l'on décide plus aisément de
la nature et de la force du cheval ,
que de celui qui est monté, on ne
saurait, en la donnant, apporter trop
d'attention.

8 *

Du Galop.

De toutes les allures, le galop est, sans contredit, la plus belle, la plus agréable, et celle où un habile cavalier peut déployer toute l'aisance et la grâce dont il est susceptible. Le cheval fait dans cette action une espèce de saut en avant, et lève en même temps les épaules qui sont chassées dans la même direction par les hanches, qui se lèvent aussi au moment où les jambes de devant vont retomber à terre, de manière qu'il est un instant bien marqué où le cheval est entièrement détaché de terre.

Dans le galop, on va sur le pied droit ou sur le pied gauche, et on dit *galoper à droite* ou *à gauche*, selon que l'on suit l'un ou l'autre de ces deux mouvemens. Il faut que dans ces différentes manières de galoper, la jambe de devant de dedans et celle de der-

rière du même côté, avancent et en-
tament le chemin. Par exemple , si
le cheval galope à droite, la jambe
droite de devant entame le chemin ,
et la jambe droite de derrière suit celle
de devant ; les jambes de dehors , qui
sont les jambes gauches, se posent
plus en arrière que celles de la partie
droite. Dans cette action , c'est la
hanche de dehors qui fatigue le plus
dans ce moment , parce qu'elle se
trouve obligée , à chaque temps de
galop , de supporter tout le poids du
corps du cheval. Le galop que nous
venons de définir , est le galop uni
à droite : quand on galope son cheval
à gauche , les jambes doivent exécuter les mêmes mouvemens en sens
contraire. Mais qu'un cheval que je
galope sur le pied gauche , parte du
pied droit , il est faux , parce que les
jambes de dedans , qui auraient dû
s'ouvrir la marche , se trouvent être

celles qui sont posées plus en arrière, tandis qu'elles devraient se porter plus en avant. Quand un cavalier a fait partir son cheval faux, il doit le remettre au trot, et attendre que ce mouvement soit uni pour lui faire reprendre le galop. Le plus sûr moyen pour un homme qui n'est pas suffisamment instruit, c'est de chercher à enlever son cheval au passage des coins du manége, ou dans le cercle; cependant il ne faut employer cette méthode qu'autant que le cavalier ne serait pas certain de faire partir juste sur le large.

Quand un cheval est faux à droite, c'est presque toujours la faute de celui qui le monte, parce que tous les chevaux galopent plus facilement sur le pied droit que sur le gauche. Lorsqu'un cheval galope sur le mauvais pied, on peut le faire changer en l'air; mais il faut qu'il soit bien libre et bien

assoupli. Dans ce cas, on arrête un
temps le devant ; lorsqu'on sent que
la main fait effet, on ferme les jambes
en continuant d'assurer la main. Le
cheval ayant obéi, vous lui rendez en
relâchant les jambes. Ces mouvemens,
de la part du cavalier, doivent être
lians ; sans cela le cheval se traverse,
se désunit, et vous lui fatiguez inuti-
lement les barres, les reins et les
jarrets.

Le cheval au galop peut être encore
désuni du devant et du derrière. Il
est désuni du devant, quand, galopant à droite, la jambe gauche de
devant entame la marche, et la droite
de derrière avance en dedans ainsi
qu'elle le doit. Il est désuni du derrière, quand le cheval, galopant à
droite, la jambe droite de devant entame la marche, et la gauche de derrière suit le mouvement de la jambe
droite de devant. Rien n'est aussi

facile que de sentir la discordance de ces mouvemens ; le cavalier se sent jeté de côté et d'autre sur la selle ; son corps est, pour ainsi dire, bercé obliquement.

Pour faire reprendre un cheval désuni, on le remet au trot ; et quand il est calme, on lui fait prendre le galop en employant les moyens indiqués. Si cependant le cheval était désuni du devant, on pourrait le faire reprendre en l'air, en assurant simplement la main. Mais s'il l'était du derrière, ce qui devient plus difficile, on formera un demi-arrêt en fermant les jambes, pour que celle du dedans fasse plus d'effet. Cependant il ne faut rendre au cheval et relâcher les jambes, que quand il a changé. On observe ici que tous les chevaux que l'on fait galoper, ne sont pas indistinctement susceptibles de changer en l'air ; le plus sûr est de les remettre

au trot , afin de les ménager. Il est
très-dangereux pour l'homme et pour
le cheval, de galoper faux ou désuni ;
celui-ci peut manquer dans un tournant , tomber, et blesser grièvement
son cavalier.

Le galop a l'avantage encore d'assurer les bouches trop sensibles , et
de calmer la vigueur d'un cheval qui
a trop de force dans ses reins et dans
ses membres. Comme dans cette allure le cheval est obligé d'élever en
même temps le devant, et qu'il re-
tombe à terre également, il doit nécessairement prendre de l'appui sur
le mors ; le cavalier peut alors gagner
sur la sensibilité de sa bouche.

Le galop calme la vigueur et l'impatience de certains chevaux qui se
servent de leurs forces pour faire des
contre-temps et des sauts désunis ;
quand ils sont causés par la jeunesse
et la gaieté, on peut les tolérer quelque

temps , sans cependant leur en laisser contracter l'habitude. Au moment de prendre le galop , ou en le prenant , on aime à voir de jeunes chevaux sauter avec aisance ; c'est une preuve de liberté dans leurs membres et de gaieté dans le travail : mais si l'on aperçoit que le cheval veut en prendre la coutume en s'enlevant au galop , il faut , en le chassant des jambes , donner plus d'étendue à son allure.

Un instructeur doit veiller à ce qu'un cavalier ne fasse point partir son cheval par à-coup , parce que , outre qu'il le surprendrait , il l'exposerait à être faux , et l'engagerait même à faire des contre-temps qui porteraient le trouble dans la reprise.

On ne doit jamais essayer de galoper un cheval sans l'avoir assoupli au trot, de façon que de lui-même il se présente au galop. Il est même nécessaire

qu'avant tout il soit arrondi l'épaule
en dedans, et qu'il puisse fuir les talons. Ce n'est pas que l'on pourrait,
sans ces deux leçons, commencer à
galoper des chevaux, et sur-tout des
chevaux de guerre ; mais elles sont
infiniment utiles quand on peut les
donner ; les chevaux en sont plus
souples et ont le galop plus uni.

Il est un défaut qu'ont beaucoup
de cavaliers ; c'est de ne point s'attacher à connaître les mouvemens du
galop ; connaissance bien essentielle
pourtant, et qui demande plus d'attention que de travail. Pour les connaître, il faut sentir les mouvemens
de l'épaule, afin de juger quel pied
pose à terre ; et en comptant ce mouvement dans la tête, vous marquez
les temps de galop. Par exemple, le
cheval part du pied gauche, comptez
un ; et quand vous sentez que le pied
droit pose à terre, vous comptez

deux. On peut encore, pour faciliter les élèves à connaître ces mouvemens, leur permettre de regarder les pieds de leurs chevaux pour savoir s'ils sont justes et pour en étudier la position ; mais il ne faut pas leur laisser contracter cette habitude, parce qu'a-lors ils n'auraient que le coup-d'œil pour juger, tandis que c'est par le sentiment du tact que la position du cheval doit se sentir.

Le galop du manége militaire doit se marquer par trois temps ; il y a des chevaux qui galopent en deux, et les chevaux d'école en quatre. Mais comme j'ai seulement entrepris de parler de ce qui concerne les chevaux de guerre, je ne m'occuperai que de ce qui leur est propre. Pour peu qu'on fasse attention, on s'apercevra que le galop en deux temps n'est point ce bel air qu'on appelle *terre-à-terre*, dans lequel un cheval marque son

galop par deux temps égaux , en portant à-la-fois les deux jambes de devant à terre ; mais une allure grossière
qui se rencontre ordinairement dans
les chevaux qui sont bas du devant,
et qui en outre ont la bouche faible,
c'est ce que l'on appelle *galoper
comme un cochon.*

Il y a des chevaux qui nagent en
galopant , c'est-à-dire qu'ils lèvent
les jambes de devant trop haut , et
les alongent au moment où elles vont
poser à terre. Ces chevaux ont souvent les hanches paresseuses ; le mouvement qui se fait en eux des épaules ,
étant trop alongé , oblige les hanches
d'être lentes. Ce défaut est naturel ;
beaucoup de chevaux ardens éprouvent de la gêne dans les épaules ; et
comme leurs mouvemens sont vifs ,
ils plient le bras sans que l'épaule y
prenne part. On peut cependant corriger ces chevaux , en leur donnant

liberté de la main , et en les chassant
immédiatement des jambes ; pour
saisir l'instant où on doit les aider, il
faut leur rendre quand le devant arrive à terre ; ils se trouvent, par ce
moyen , en quelque sorte contraints
du devant, sont obligés de raccourcir
et de moins élever le mouvement des
jambes.

D'autres galopent trop près de
terre , et rasent , comme on dit , *le
tapis*. C'est encore une gêne qu'é-
prouve le cheval dans les épaules , et
qui provient souvent d'une faiblesse
dans les reins ou dans les jarrets. On
soutient ces sortes de chevaux de la
main , au moment où le devant va
s'élever de terre ; il faut en même
temps les secourir des gras de jambes.

Il y a encore des chevaux qui , dans
le galop, marquent les temps par des
coups de tête : on dit qu'*ils boîtent de
la bride*. Ce mouvement désigne une

tête mal assurée , un devant faible ,
et souvent une bouche insensible ; ils
cherchent un point d'appui dans la
main , pour soulager leurs épaules ,
ce qui leur fait en quelque sorte une
cinquième jambe. Il faut à ces sortes
de chevaux arrêter et rendre souvent,
et tenir la main plus haute en les
chassant des jambes : ils ne peuvent
guères se corriger entièrement ; mais
par des leçons bien ménagées on peut
parvenir à rendre le mouvement de
leur tête moins désagréable.

CHAPITRE V.

Des différens changemens de main, et de la manière de les exécuter.

Nous ne parlerons point ici des changemens de main sur deux pistes ; les hommes ne sont pas tous également susceptibles de travailler sur quatre lignes, et les chevaux d'avoir indistinctement la force et la souplesse convenables à cet exercice. Comme nous ne nous occupons que de ce qui concerne le manége de guerre, nous avons cru qu'il ne fallait point quitter une instruction pour une autre qui d'ailleurs n'est pas entièrement de notre genre.

Le manége, considéré comme le lieu où l'on exerce les chevaux, est un carré long que l'on divise en plusieurs autres pour exécuter les dou-

blers , les changemens de main larges , les changemens de main étroits,
les contre-changemens de main , les
changemens de main renversés , les
demi-voltes et les voltes.

Du Doubler.

Le doubler n'est point un changement de main ; mais il apprend le
cheval à être attentif et prompt à obéir
à la main du cavalier. On prend des
doublers larges , des étroits et sur la
ligne du milieu qui traverse le manége dans sa longueur.

Le doubler n'est , à proprement
parler , que la manière de décrire un
nouveau carré dans l'étendue du manége.

Pour prendre un doubler large , on
doit , quand on arrive au milieu du
manége , former un demi-arrêt , et
tourner les épaules du côté que l'on
veut doubler , sans que les hanches

du cheval se dérangent ; ce qui sera facile si on le contient des jambes. On fait décrire aux épaules une portion de cercle suffisante pour que le cheval se trouve droit sur la nouvelle ligne : vous le conduisez ensuite dans la main et dans les jambes , jusqu'au nouveau coin que vous voulez former ; et vous répétez cette leçon au bout de chaque ligne , excepté dans les coins du manége ; car pour passer ces coins, c'est-à-dire, les angles formés par les murailles , les hanches doivent tourner sur le terrain où les épaules elles-mêmes ont tourné. Le cheval, dans ce passage, doit s'arrondir ; et un instructeur ne saurait prêter trop d'attention pour faire passer les coins à ses élèves , car ici , faute d'adresse , un cheval peut s'estropier.

Je le répète donc ; les hanches doivent suivre la piste des épaules : quand on veut passer un coin, vous commencez,

commencez, avant que d'arriver, par avertir votre cheval en formant un demi-arrêt ; vous soutenez la main un peu en avant, en fermant la jambe de dedans pour faire entrer les épaules : ensuite vous les tournez en continuant de fermer la jambe pour faire passer les hanches ; mais il ne faut pas les culbuter, ni vouloir les faire tourner avant que les épaules aient entamé la nouvelle ligne, parce que vous exposeriez votre cheval à se frotter les jarrets contre le mur, et à gagner des capelets.

Le *doubler étroit* est l'action de diviser le carré du manége en quatre ou six parties, et de prendre des doublers sur l'un d'eux. On suit les mêmes principes que pour le doubler large.

Le doubler pris sur la ligne du milieu du manége dans sa longueur, est le plus difficile, parce que la ligne

isolée qu'a à parcourir le cheval est
d'une plus grande étendue que pour
le doubler large , et qu'ici le cavalier
n'est pas toujours sûr de tracer une
ligne droite des épaules et des hanches , sur-tout étant au manége, où
les chevaux doivent être conduits avec
plus de précision. On emploie les
mêmes principes pour ce doubler que
pour les précédens.

Changement de main large,

Le changement de main large est
le plus en usage, et se fait sur la ligne
oblique que parcourt un cheval d'un
mur à l'autre pour changer de pied.
Ce changement s'entame en sortant
du second coin , et à la distance d'environ deux longueurs de cheval. Après
l'avoir dépassé , on forme un demi-
arrêt , et l'on détermine les épaules à
décrire la ligne oblique pour se porter
sur le mur opposé , et fermer à la

même hauteur où on a commencé le changement de main , observant cependant que le cheval doit être droit dans la main et dans les jambes , et qu'il doit avoir le regard porté en dedans jusques et passé le premier coin ; après quoi on le place sur l'autre main.

Lorsque des élèves ou des chevaux commencent à galoper , on ouvre et on ferme le changement de main au trot ; et quand les uns et les autres sont plus instruits , on ouvre au galop et on remet son cheval au trot pour fermer , jusqu'à ce qu'on soit en état de faire reprendre son cheval à la fin du changement de main.

CHANGEMENT DE MAIN ÉTROIT.

Plusieurs maîtres ont confondu le changement de main étroit avec la demi-volte , parce que souvent celle-ci se commence sur la ligne du milieu.

Cependant il n'y a pas à s'y méprendre, en lisant la définition que nous donnons de l'une et de l'autre.

Le changement de main étroit se commence après avoir passé le premier coin de l'un des bouts du manége. La tête du cheval arrivant sur la ligne du milieu, on forme un demi-arrêt ; et quand les hanches se trouvent sur cette ligne, on tourne l'épaule comme pour entamer un doubler. Vous portez ensuite votre cheval en avant et droit, environ trois ou quatre pas. De là, vous prenez votre direction oblique, qui doit se terminer sur la ligne qui partage le manége dans sa largeur. On suit d'ailleurs les mêmes principes que pour les changemens de main larges.

Contre-changement de main.

Deux lignes obliques qui forment l'angle, déterminent le contre-changement de main. A la première de ces lignes commence un changement de main large; et quand le cheval arrive au milieu de la place, au lieu de continuer à marcher sur cette ligne, on dirige l'épaule obliquement à l'opposé, pour revenir sur le mur que l'on vient de quitter : c'est ce qui forme la seconde ligne. Par ce moyen on continue d'aller à la main où on était avant que de changer.

CHANGEMENT DE MAIN RENVERSÉ.

On commence le changement de main renversé comme le contre-changement de main ; mais dans le milieu de la seconde ligne oblique, on renverse l'épaule pour changer de main. Ce renversement d'épaule est difficile à exécuter ; il faut que dans ce mouvement la hanche gauche serve de pivot, si le changement s'entame à droite : conséquemment on doit opposer les jambes aux hanches, dans la crainte qu'elles ne s'échappent.

DE LA DEMI-VOLTE.

La demi-volte est un changement de main étroit qui se fait circulairement, et commence en sortant du premier coin pour venir se fermer sur la ligne du changement de main étroit. Pour prendre la demi-volte, on forme un demi-arrêt, et on tourne l'épaule sans laisser échapper les hanches : quand on est arrivé sur le mur, on renverse l'épaule pour se porter directement sur la ligne des côtés du manége.

Quand on prend ces sortes de changemens au galop, et qu'on veut faire changer le cheval en un temps, on forme un demi - arrêt avant que de renverser l'épaule, et on ferme en même temps la jambe de dehors qui devient celle de dedans, pour forcer

les épaules et les hanches à reprendre.
J'observe qu'avant de faire changer, le
cheval doit être rassemblé et bien
assis.

DES VOLTES.

La volte, en termes de manége de
guerre, n'est point comme celle du
manége d'école. Celle-ci est de deux
pistes, et forme un carré dont les angles sont arrondis ; au lieu que celle
dont nous voulons parler, n'est autre
chose qu'un cercle fait d'une piste
qui ne devrait point être comprise
dans les changemens de main : mais
elle s'y trouve rangée, parce que l'on
peut changer de main dans elle-même.

Pour entamer une volte, on commence par former un demi-arrêt, et
on dirige ensuite l'épaule circulairement en contenant les hanches, de
peur qu'elles ne sortent de la ligne ;
car il vaut mieux au contraire les

ramener un peu en dedans , parce que le cheval étant tenu d'être plié du côté du centre , il se trouve , par ce moyen, le corps arrondi , tel que les principes le commandent.

La volte étant décrite , on peut la rétrécir ou l'élargir , selon la volonté du cavalier. Veut - on la resserrer, il faut faire gagner l'épaule un peu en dedans , sans embrasser plus de terrain dans un mouvement que dans un autre , à mesure que vous rétrécissez la volte ; il est plus difficile d'empêcher les épaules de tomber et de contenir les hanches sur la ligne , parce que les mouvemens étant plus rapprochés , il est aussi plus fatigant pour le cheval de les soutenir.

Dans la volte resserrée , vous pouvez prendre un changement de main étroit. Lorsque la tête de votre cheval est arrivée sur la ligne du milieu du manége , vous redressez les épau-

les , le portez quelques pas en avant
droit dans la main et dans les jambes
pour le diriger ensuite sur la ligne
oblique , et vous fermez votre changement de main comme il est dit
plus haut.

Mais si la volte étant rétrécie , on
veut l'élargir , au lieu de changer de
main , alors il faut élargir l'épaule par
progression sans la renverser , ni faire
jeter le cheval de côté. Pour resserrer
la volte , on décrit à-peu-près la circulaire que fait la *coquille de colima-
çon* ; et pour l'élargir , on doit nécessairement agir en sens contraire.

Le changement de main dans la
volte est le plus difficile à prendre ,
parce qu'il faut contenir les épaules
et les hanches sur une ligne circulaire,
sans que les unes tombent et les autres se traversent : par exemple , si
quand je parcours une volte à droite ,
mon cheval étant au trot , je veux

changer de main dans la volte, je forme un demi-arrêt pour avertissement, et je fais décrire un demi-cercle pour arriver au centre ; lorsque la tête de mon cheval arrive au centre de la volte, je forme encore un temps d'arrêt, et je dirige ensuite l'épaule circulairement à gauche, pour gagner la volte et marcher à l'opposé du point d'où je suis parti.

Pour changer au galop dans la volte, il faut une main habile, et être en même temps sûr de la force, de la souplesse et de l'obéissance de son cheval. Ce changement de main présente plus de difficultés que si on voulait le prendre sur deux pistes, parce qu'il faut que le cheval qui travaille sur une ligne, s'arrondisse trop précipitamment dans deux demi-cercles opposés ; et que dans le changement sur deux pistes, le cheval se trouve dans une position où le moindre renversement d'épaule le fait changer de pied. Pour terminer, lorsque vous prenez une nouvelle direction dans la volte, il faut, lorsque vous arrivez sur la seconde partie du premier demi-cercle, arrêter à temps les épaules, et fermer la jambe gauche qui était celle de dehors et qui alors devient celle de dedans, pour obliger le cheval à passer d'un pied sur l'autre.

Il est bon d'observer que ces différens changemens de main, renversement d'épaule, demi-volte, volte, etc., sont reconnus par tous les maîtres comme autant de principes dont les effets sont incontestables ; ils empêchent sur-tout le cheval d'aller par routine, car il y en a qui manient plus de mémoire que par la volonté de ceux qui les montent. Ces leçons lui donnent aussi cette attention, cette obéissance et cette souplesse qui constituent le cheval parfait.

CHAPITRE VI.

Des Mouvemens de souplesse.

DU DEMI-ARRÊT.

LE demi-arrêt est le premier degré d'instruction que l'on donne au cheval pour lui former la bouche et le rendre plus léger à la main : on l'emploie généralement pour tous les chevaux que l'on dresse pour la selle. Cependant, il en est pour qui l'on doit ménager cette leçon : premièrement, ce sont ceux qui retiennent leurs forces.

On forme un demi-arrêt de la main de la bride, en la levant et en rapprochant le petit doigt un peu plus près du corps. L'utilité du demi-arrêt est de disposer le cheval à obéir au cavalier, à le rassembler, le ramener et à se soutenir.

Pour sentir l'effet du demi-arrêt, il
faut que le cheval soit prêt à s'arrêter ; cependant il ne doit point ralentir ses mouvemens, à moins que le
cavalier ne veuille calmer son impatience ou son trop d'ardeur.

Dans le moment que l'on marque
un demi-arrêt, il faut souvent secourir des jambes ; par ce moyen, vous
préparez le cheval à couler les hanches sous lui en leur conservant la
même action.

Nous avons dit que l'on devait aussi
ménager cette leçon aux chevaux qui
retiennent leurs forces ; elle peut encore convenir à ceux qui s'appuient
trop sur la main.

Quand un cheval se retient de lui-
même, on lui marque des demi-arrêts
pour parvenir à lui donner de l'appui ; mais en les lui marquant, on
doit le secourir des jambes, des talons, et même on est quelquefois
obligé de le pincer des deux.

Lorsqu'un cheval s'appuie trop sur la main , on doit seulement marquer des demi-arrêts de la main, parce que, si vous l'aidiez des jambes , il pourrait s'abandonner davantage sur les épaules : si , en marquant un demi-arrêt, le cheval continue de s'appuyer sur le mors ou de tirer à la main , il faut l'arrêter , le porter ensuite en avant , l'arrêter encore ; et si l'arrêt ne le corrige pas , on le fait reculer.

De l'Arrêt.

L'arrêt est une action qui sert à rendre le cheval léger à la main : il est difficile de le bien exécuter , surtout quand on ne veut pas changer l'allure. Pour qu'un arrêt soit bien marqué , il faut que le corps du cheval soit en équilibre , et qu'il marque le temps d'arrêt en se soutenant ferme sur ses quatre jambes.

On retire de très-grands avantages

d'un arrêt bien formé : on rassemble par-là les forces de son cheval, on lui assure la bouche, les hanches, et on le rend obéissant à la main. Mais autant les arrêts sont utiles quand ils sont faits à propos, autant ils sont dangereux quand ils sont faits à contre-tems, ou qu'on en abuse, car tous les chevaux ne peuvent les soutenir : on doit donc, avant de se servir de cette leçon, consulter la nature du cheval.

Les jeunes chevaux doivent être bien ménagés dans cette leçon : si on les arrêtait trop précipitamment, on pourrait les gâter pour toujours ; il en est beaucoup qui attrapent des efforts de jarrets ou d'autres maladies, pour avoir été arrêtés trop rudement.

Un instructeur doit se pénétrer de cette vérité, et n'employer la leçon de l'arrêt qu'autant que les forces du cheval le permettront. Nous ne pré-

tendons cependant pas bannir l'arrêt
pour toute sorte de chevaux , mais
seulement pour ceux qui sont dans
l'impossibilité de le pouvoir soutenir ;
on doit pour ceux-ci les mettre toujours au pas pour les arrêter.

Les chevaux qui ont le plus besoin
d'attention pour la leçon de l'arrêt ,
sont, outre les jeunes chevaux, ceux
qui ont la ganache trop étroite , l'encolure renversée , parce qu'ils s'arment ordinairement , et que l'arrêt
devient dur et marqué de travers.

Les chevaux qui ont les pieds dou-
loureux , le corsage long , les reins
faibles , forment de mauvais arrêts, par
l'impossibilité où ils sont de rassembler leurs forces.

Les chevaux impatiens, colères, et
ceux qui sont trop sensibles , étant
ennemis de toute sujétion , le sont
conséquemment de l'arrêt.

Il y a des chevaux qui s'arrêtent

tout court, les uns pour éviter l'arrêt, d'autres pour prévenir le commandement, et d'autres enfin s'arrêtent
pour se défendre. Toutes ces sortes de
chevaux demandent à être arrêtés rarement, et sur-tout au moment qu'ils
s'y attendent le moins.

L'arrêt ne peut donc être exigé
que des chevaux qui ont de bons
reins, de la vigueur dans les hanches
et de la force dans les jarrets pour
soutenir cette action.

Pour former un arrêt sans changer
d'allure, le cheval doit être un peu
animé ; et dans le moment où l'on
sent qu'il y a plus de vîtesse dans
ses mouvemens, on marque le temps
d'arrêt, en portant le haut du corps
un peu en arrière, ensuite élevant la
main près du corps, le poignet bien
soutenu, afin de faire sentir sur les
barres l'effet progressif de la main :
il faut en même temps que vous

marquez votre demi-arrêt , soutenir le cheval dans les jambes , pour qu'il ne ralentisse point son allure et qu'il soutienne la même action. L'arrêt formé , on doit avoir la main légère , pour que le cheval ne recule pas.

Quand on veut former un arrêt , le cheval étant au trot , il doit se faire en un temps ; il faut qu'il arrête les quatre jambes droites. Pour former un arrêt au galop , on arrête plus longuement , c'est-à-dire , en deux ou trois temps : mais il ne faut pas perdre de vue qu'on doit , dans cet arrêt , secourir le cheval des jambes , pour lui faire couler les hanches.

DU RECULER.

Le reculer est souvent considéré comme châtiment : cependant il est nécessaire de le regarder autrement , quand on commence à monter un cheval ; il devient alors leçon très-utile ; il lui assure la tête , lui forme la bouche et le place sur les hanches.

On suit , pour reculer , les mêmes principes que pour arrêter ; mais il faut avoir la main légère à chaque temps que le cheval recule.

Le reculer est mis en usage comme un châtiment , pour les chevaux qui s'appuient sur le mors , qui tirent à la main , et pour ceux qui font difficulté de passer par la crainte qu'ils ont de quelque objet.

Quand on veut faire reculer un cheval dans les règles , il faut qu'il soit droit d'épaules et de hanches. Le cavalier élève ensuite la main par de-gré pour le faire reculer lentement ; on doit , alors qu'il recule , avoir la main légère, et le tenir dans les jambes prêt à se porter en avant à chaque pas qu'il fait en arrière , afin de le tenir non-seulement dans la sujétion de la main , mais aussi pour l'empêcher de s'acculer, de faire une pointe ou de se renverser. On doit encore le reculer droit ; si un cheval se traversait à droite en reculant, on fermerait la jambe droite en assurant la main de la bride pour lui redresser les hanches ; si au contraire il laissait tomber les épaules de ce côté, on élèverait la main en la soutenant à gauche pour les redresser, et on contiendrait en même temps les hanches pour qu'elles ne se jettassent point à droite : on peut aussi redresser les hanches par l'effet de la main, en l'assurant du côté que les hanches tombent ; c'est ce que l'on appelle opposer les épaules aux hanches.

Presque tous les chevaux s'obstinent, dans le commencement de cette leçon, à ne point reculer ; dans ce cas, un instructeur à pied lui donne, en même temps que le cavalier essaie de le reculer, quelques coups de gaule sur les genoux pour les lui faire plier : le cheval est forcé, pour éviter les coups, de retirer ses jambes en arrière ; les épaules qui se trouvent après cela trop rapprochées des hanches, le forcent de reculer. Quand le cheval a reculé quelques pas, on le flatte et on cherche à le reculer de nouveau ; sent-on qu'il plie les hanches pour reculer, on l'arrête et on le caresse.

La meilleure leçon qu'on peut donner à un cheval qui recule facilement, est de ne le reculer que des épaules, c'est-à-dire, de ramener le devant à soi, comme si on voulait le reculer ; et lorsque l'on sent qu'il va le faire, on le porte en avant.

Enfin, on termine cette leçon en assouplissant l'encolure, ce qui s'exécute en ramenant de l'un et de l'autre côté la tête du cheval : mais pour que ce pli soit bien fait, il ne suffit pas d'amener le bout du nez à la botte ; le cheval doit, au contraire, avoir la tête bien soutenue, afin que le pli se prononce dans toute l'étendue de l'encolure.

Pour plier son cheval, on badine avec la rêne de la bride ou du bridon, du côté où on veut le plier, en soutenant les épaules droites de la rêne opposée. Ce pli ne s'obtient pas tout d'un coup ; on se contente de le gagner insensiblement. Cette leçon se répète des deux mains, et on caresse le cheval toutes les fois qu'il a obéi.

DE L'ÉPAULE EN DEDANS.

La leçon de l'épaule en dedans a été reconnue, par tous les grands écuyers, comme une des plus utiles et des plus difficiles à donner au cheval ; et chaque jour l'expérience confirme cette vérité. On retire de cette leçon des avantages considérables ;

elle sert à alléger un cheval, à l'assouplir des épaules et des hanches,
à tempérer son ardeur ou son impatience; elle apprend aussi au cheval
à tourner avec aisance, à gagner le
pli de l'encolure, et le dispose à aller
par des pas de côté.

On ne commence à donner cette
leçon qu'au cheval qui trotte librement sur toutes les différentes lignes
que le cavalier veut lui faire décrire.

Afin de préparer un cheval à aller
l'épaule en dedans, il faut le mener
au petit pas, sans cependant trop le
raccourcir, parce qu'il ne pourrait
croiser ses pas. Au surplus il pourrait
se défendre, ne sachant plus ce qu'on
lui demande. Dans cette position,
vous cherchez à ramener la tête du
cheval en dedans, c'est-à-dire que
vous lui faites marquer le pli de l'encolure beaucoup plus que s'il mar-
chait droit. Vous tenez d'abord le

cheval quelque temps à cette leçon ; ensuite vous ramenez peu à peu les épaules en dedans , de manière qu'elles décrivent une autre ligne que celle des hanches ; alors la jambe de devant de dedans est forcée de chevaler par-dessus celle de dehors , tandis que les hanches, restant sur la ligne du mur , se portent naturellement en avant sans se croiser. A mesure que l'on sent que l'épaule gagne de la liberté , on la ramène plus au centre, et alors le cheval est obligé de croiser la jambe de derrière de dedans par-dessus celle de dehors. Dans cette attitude , c'est la rêne de dehors qui dirige et élargit l'épaule , tandis que la rêne de dedans conserve le pli de l'encolure. En commençant cette le-çon , on mène le cheval sur la ligne du mur ; mais quand il a acquis de la souplesse, on le conduit sur le cercle.

Pour

Pour conduire un cheval en cercle, l'épaule en dedans, on le dirige sur la ligne circulaire que l'on veut parcourir. L'attention que l'on doit avoir, est de ne point culbuter les hanches, mais de les contenir comme sur le large, un temps en arrière des épaules.

Si, étant en cercle, on veut le rétrécir, il faut, dans cette position, gagner peu à peu le centre ; l'épaule qui doit chevaler embrasse à chaque pas une portion de terrain en avant, sans cesser, dans son mouvement, de décrire une ligne circulaire. On mène un cheval de cette manière sur un cercle étroit, pour le récompenser de la fatigue qu'il a éprouvée sur un grand cercle.

Quand on veut sortir d'un cercle étroit pour en décrire un plus grand, on élargit insensiblement l'épaule du côté de dehors, sans acculer le cheval

10

ni lui renverser les épaules. Il est toujours à craindre qu'un cheval ne s'accule, sur-tout dans cette position, parce que la jambe qui chevale peut blesser celle qui est posée à terre.

Pour sortir du cercle et remettre son cheval sur le large, il faut, quand les hanches arrivent à hauteur de la ligne de la muraille, former un demi-arrêt, arrêter même un temps l'épaule pour la déterminer à marcher en avant.

Lorsque vous conduisez un cheval au large, et qu'il obéit facilement à la leçon de l'épaule en dedans, vous cherchez à lui faire prendre les coins, sans être obligé de le redresser à chaque bout du manége, comme vous le faisiez dans le principe : on doit donc, pour faire prendre les coins, commencer par faire entrer les épaules, en conservant au cheval la tête placée en dedans. Lorsque les épaules sont entrées, on les arrête un temps pour faire tourner les hanches autour des épaules. La plupart des chevaux refusent de passer les hanches ; il faut les presser de la jambe de dedans ; et si son effet ne suffit point, on le pince vigoureusement de cette même jambe en assurant la main, afin de contenir les épaules tandis que les hanches tournent.

Ayez sur-tout attention, en prenant les coins, de ne pas forcer les hanches d'y entrer avant que les épaules en soient sorties, parce que vous jetteriez les jarrets sur le mur, au risque de les blesser. C'est aussi le moyen de rebuter un cheval et de lui faire haïr la leçon.

Le changement de main, l'épaule en dedans, se fait sur le large. Quand on arrive au second coin, on forme un demi-arrêt ; on redresse les épaules, afin que le cheval soit droit dans la main et dans les jambes ; on le

conduit sur la ligne oblique jusque
sur le mur opposé, en lui conservant le pli du côté où il va. Le second
coin étant passé, on le replace ensuite l'épaule en dedans pour le travailler sur la main contraire.

Nous ne nous dissimulons pas que
cette leçon, donnée de tout temps
dans le manége de guerre, souvent
avec succès, ne peut convenir à tous
les chevaux ; l'action de l'épaule en
dedans est tellement pénible, qu'il
faut que tous les muscles du corps du
cheval soient dans une contraction
perpétuelle. C'est ici que l'instructeur
sentira l'avantage de connaître la
structure de cet animal ; et avec cette
connaissance, il lui sera facile de
faire une juste application de ces
principes.

Il arrive que des chevaux jeunes et
faibles, à qui on a voulu donner
cette leçon sans connaissance ou trop

prématurément, sont devenus rámin-
gues, et d'autres ont eu les jarrets
ruinés.

D E S P A S D E C Ô T É.

La croupe au mur, fuir les talons,
et la tête au mur, signifient la même
chose, et veulent dire, en termes militaires, *aller par des pas de côté.*

Cette leçon, qui est encore plus
difficile que celle de l'épaule en dedans, s'enseigne sur différens principes. Des écuyers, pour apprendre
leurs chevaux à aller de côté, leur
placent la tête au mur ; et dans cette
attitude, ils les obligent à fuir les
talons. Il peut en résulter un inconvénient, il est vrai, mais qui n'est
pas sans remède ; il est moins dangereux de suivre ce précepte que de
mettre au cheval la croupe au mur.
Je suis persuadé que bien des chevaux ne vont que par routine ; mais

j'observe qu'il ne s'agit pas de parcourir un grand espace dans cette
position ; et si cette leçon ne renferme que l'intention d'assouplir le
cheval , je l'adopte de préférence à
celle de la croupe au mur , sur-tout
pour le manége militaire , où l'on est
obligé de donner à plusieurs cavaliers la même leçon en même temps.

Un célèbre écuyer se trompe , je
crois , quand il dit qu'en mettant la
tête au mur pour aller de côté , le
cheval , au lieu de passer la jambe de
dehors par-dessus celle du dedans ,
la passe en dessous , dans la crainte
de se heurter le genou contre le mur.
Cela n'arrive qu'autant que le cheval
s'accule, parce qu'alors , par sa position , il est obligé de la passer en
dessous , tout le poids du corps étant
porté sur les hanches. Je soutiens
qu'en lui plaçant la tête au mur , il
ne peut se heurter les genoux , parce

que l'on conserve toujours deux pieds
de distance de la tête du cheval au
mur ; conséquemment les jambes , en
chevalant, ne se portent point assez
en avant pour se blesser. En mettant
le cheval la croupe au mur , il y a
bien plus à craindre ; et il n'est pas
bien difficile de prouver qu'en le plaçant ainsi , on risque de le blesser
aux jarrets , soit parce qu'il s'accule
ou qu'il recule sur le mur par la faute
quelquefois d'un cavalier impatient
qui expose le cheval à se rebuter et
à prendre la leçon en horreur. Mais
quel est l'homme de cheval qui ose-
rait se flatter de prévenir toutes les
fautes qu'un cheval peut faire , et qui
aurait même la confiance de n'en pas
commettre lui-même ?

Lorsque l'on donne au cheval la
première leçon de l'épaule en dedans
ou des pas de côté, c'est toujours
avec le bridon , parce qu'il est néces-

saire , dans ce cas , d'avoir les rênes séparées , afin de contenir et de diriger plus facilement les épaules. On n'entreprend de faire aller un cheval de côté , que quand il passe librement les jambes de dedans par-dessus celles de dehors , et qu'il a assez de souplesse dans les reins et dans l'encolure pour pouvoir conserver l'attitude convenable.

Quand on veut habituer un cheval à aller de côté , on le mène au pas droit sur la ligne des grands côtés ; et quand il arrive au second coin , vous l'arrêtez un temps en le contenant toujours droit des épaules et des hanches : vous dirigez ensuite les épaules à droite pour entamer la marche, et vous observez de jeter un peu votre assiette à gauche, en portant le haut du corps en dedans, et en avançant le côté de dehors. Les épaules du cheval étant en mouvement , vous fermez la jambe gauche pour faire suivre les hanches.

Un cavalier, dans le commencement, n'exigera rien du cheval ; il cherchera seulement à lui dérober quelques pas croisés , sans le plier ni observer de précision ; et quand il en aura obtenu , il l'arrêtera , le flattera , puis il recommencera le même exercice : si le cheval obéit, il l'arrêtera de nouveau , et lui ramenera la tête de ce côté jusqu'à la botte, en continuant de l'arrêter et de le caresser pour peu qu'il obéisse. Vous ne laisserez pourtant pas de gagner l'autre extrémité du manége. Après l'avoir laissé reposer , vous reprenez ensuite sur l'autre main , en observant les mêmes règles.

Si le cheval refuse d'obéir, c'est qu'il n'est pas assez assoupli, ou qu'il pèche dans quelques parties : peut-être aussi y a-t-il de la faute de celui qui le monte ; car dans un manége il se rencontre souvent que l'homme est aussi neuf que le cheval , et que l'on est obligé de former l'un en même temps que l'autre. Lorsqu'un instructeur se sera aperçu qu'un cheval n'obéit point par défaut de souplesse, il le remettra l'épaule en dedans ; mais si ce refus vient de faiblesse, il n'y a aucun moyen d'y remédier ; et il en est beaucoup au contraire , quand sa résistance est causée par la mal-adresse du cavalier : ce sera à l'instructeur à les lui indiquer.

Nous avons dit que l'épaule en dedans servait à assouplir , à alléger et à former la bouche du cheval ; mais cette leçon n'est que préparatoire pour aller de côté. Il y a une différence bien grande entre aller l'épaule en dedans et fuir les talons : dans la première leçon , le cheval croise les

jambes de dedans par - dessus celles
de dehors ; il est plié et regarde du
côté opposé à celui qu'il tient en
marchant ; au lieu que dans l'autre
le cheval doit passer les jambes de
dehors par-dessus celles de dedans,
en regardant et en s'arrondissant du
côté où il va , depuis la tête jusqu'à
la croupe. En se figurant l'attitude du
cheval dans cette leçon , il est aisé
de concevoir combien il faut de liberté dans ses membres et de souplesse dans les reins pour obéir, et
quelle tension il doit éprouver dans
tous les muscles de la partie du dehors. On voit que cette action , aussi
pénible que difficile, l'oblige de croiser les jambes circulairement ; ce qui
fait que peu de chevaux sont susceptibles de fuir les talons avec grâce.

Quoique l'on ne change point de
main ordinairement, et qu'on ne fasse
que parcourir une ligne de droite à

gauche, on peut cependant prendre un changement étroit. Votre cheval arrivant au milieu d'un des grands côtés du manége , vous l'arrêtez un temps pour lui faire tourner les épaules autour des hanches : vous continuez à aller de côté jusque sur la ligne du milieu ; vous formez un temps d'arrêt, et vous redressez l'épaule pour la disposer ensuite à marcher obliquement ; de là , vous conduisez votre cheval droit d'épaules et de hanches pour achever le changement de main. Cette méthode accoutumera votre cheval à aller sans guide ; et pour empêcher qu'il n'aille par routine , vous pouvez le mener alternativement sur la ligne du milieu et sur celle du mur. Cette diversité dans la leçon le tient toujours dans l'obéissance qu'il doit à son cavalier.

QUATRIÈME PARTIE.

École du Cavalier.

CHAPITRE PREMIER.

De la méthode que doit employer un Instructeur dans ses leçons.

DANS le cours de cet ouvrage, j'ai prouvé, autant qu'il a été en moi, combien il importe à un instructeur d'étudier et de connaître la structure de l'homme et la constitution du cheval ; maintenant je ne crains pas d'avancer ici qu'avec cette connaissance, il sentira encore son insuffisance dans plus d'une occasion. Beaucoup enseignent l'équitation, et n'ont

que pour eux-mêmes les talens d'hommes de cheval. Dans leurs leçons,
c'est toujours la même règle qu'ils
rendent commune aux élèves et aux
chevaux : cependant, que l'instructeur se persuade bien que telle leçon
qui convient à un élève, ne convient
point à un autre ; qu'on peut exiger
d'un cheval ce que tel autre ne pourrait exécuter ; qu'en un mot les hommes et les chevaux doivent être conduits, les premiers suivant leur intelligence, et les autres suivant leur
âge et leurs forces.

Rien n'est aussi ridicule que de voir
un instructeur qui ne sait pas graduer
sa leçon, se servir des mêmes moyens
pour celui qui commence que pour
celui qui est parvenu à la première
classe : c'est, avouons-le, manquer
soi-même d'instruction, ou au moins
de discernement, que d'employer une
pareille méthode.

Ceux qui se livrent aux pénibles fonctions d'instruire, ne doivent point apporter trop de précipitation dans l'enseignement ; leurs leçons doivent suivre les progrès que font les élèves ; et à mesure que leur intelligence se déploie, on peut les initier dans les difficultés de l'art : mais on espérerait en vain arriver jusque-là sans le secours de l'étude et de l'expérience.

CHAPITRE II.

Position de l'Homme à cheval.

Ce n'est pas assez dans la leçon de la position de l'homme à cheval, de s'en tenir à des règles ordinaires et suivies indifféremment ; il faut les savoir digérer, et en faire une application juste et proportionnée à la structure plus ou moins avantageuse de celui qu'on enseigne. En effet, comme je l'ai dit plus haut, telle position qui est exigible ou naturelle dans un élève, est contrainte dans un autre ; et de là ces défauts qui sont pris souvent pour négligence ou mauvaise volonté, et qui paraissent incorrigibles, tandis que la faute est à l'instructeur lui-même, qui, avec un peu plus d'attention et d'étude particulière, aurait fait d'un cavalier désagréable , un cavalier qui eût flatté l'amour-propre de son instructeur.

On trouvera dans cette observation la nécessité où l'instructeur est de connaître la structure de l'homme : celui qui est jaloux du progrès de ses leçons , doit examiner attentivement le corps de ses élèves, afin d'en connaître les défectuosités. Sans la connaissance et les rapports qu'il y a d'une partie à l'autre , il ne peut donner ses leçons d'après les principes ; elles deviennent au contraire routinières et souvent fausses.

Les fesses doivent porter également sur la selle, la ceinture en avant et les reins soutenus. Cette position est très-difficile à gagner , sur-tout lorsqu'un cavalier est peu fendu , a les fesses charnues et les cuisses rondes : mais quand vous l'avez obtenue, elle facilite celle de l'assiette, dont la partie supérieure du corps est le contre-poids et tient l'homme eu équilibre.

Les épaules doivent être tombantes et bien effacées ; la poitrine saillante : en soutenant les reins sans les creuser, il sera facile de gagner cette position ; il faut cependant faire en sorte de ne faire effacer les épaules qu'autant que la poitrine ne pourra en souffrir. Il est des hommes qui ont le cou très-court , les épaules étroites , ainsi que la poitrine : certes , il ne conviendrait pas d'exiger d'eux une position re-cherchée ; ce serait travailler à les détruire plutôt qu'à leur donner de la grâce. Souvent , en effaçant les épaules , on renverse le haut du corps ; les coudes se retirent involontaire-ment sur le côté des hanches , ce qui produit un effet inattendu sur la bou-che du cheval , dérange l'aplomb , oblige de porter les cuisses en avant , et change absolument l'assiette qu'il convient d'avoir.

La tête doit être haute, libre et dégagée des épaules. Elle doit être haute, parce qu'autrement le cavalier ne pourrait avoir cet air de gravité qui convient si bien à l'homme de guerre ; libre, afin de pouvoir la tourner avec aisance de droite à gauche ; dégagée des épaules, c'est-à-dire, la sortant assez pour que dans cette position on n'éprouve aucune contrainte, ce qui donnerait trop de fermeté et de raideur à toutes les autres parties qui s'en ressentiraient, et particulièrement à la main de la bride, dont les effets se feraient trop durement sentir.

Que les bras soient libres, et les coudes tombant naturellement. Il sera facile de donner cette position toutes les fois que les épaules elles-mêmes seront libres, et que le cavalier ne s'attachera point à la main.

La main de la bride doit être placée à quatre pouces au-dessus du pommeau de la selle, également éloignée du corps; le petit doigt passé entre les rênes, les doigts fermés, le pouce aussi fermé, les ongles en face du corps, le poignet bien soutenu, et le petit doigt plus près du corps que le haut du poignet.

La main droite, quand elle n'est point occupée à porter le sabre, prend le bridon à pleine main, les ongles en dessous, les rênes passées par dessus celles de la bride, et la main droite un peu plus basse que la main gauche, à trois pouces de distance l'une de l'autre. Cette position ne peut être suivie qu'autant que le manége du cheval n'obligera point à la changer. On a pour principe dans la fin d'un changement de main, dans le travail individuel, de changer les rênes de main. On n'a les rênes placées dans la main gauche que quand on travaille à droite ; mais quand on travaille à gauche , on prend les rênes de la main droite à pleine main , au-dessus et près du pouce gauche , les ongles en avant. On entr'ouvre les doigts de la main gauche pour les abandonner ; on place ensuite la main droite comme il est dit pour la position de la main gauche, à l'exception que le petit doigt n'est point passé entre les rênes ; alors on prend le bridon de la main gauche.

Les cuisses embrasseront également le corps du cheval. Elles doivent être tournées sur leur plat , depuis les hanches jusqu'aux genoux , et ne s'alonger que par leur propre poids et celui des jambes. Le cavalier ne pourra parvenir à sentir les mouvemens de son cheval, s'il n'a les cuisses bien tournées , parce que le gras de la cuisse est insensible. Il ne doit point non plus employer de force dans ces parties, parce que non-seulement elles seraient moins assurées, mais que plus il les serrerait, plus il s'élèverait au-dessus de la selle ; tout le corps se raidissant alors par le dérangement de son aplomb, il courrait les risques de désespérer son cheval en cherchant à se raccrocher, soit de la main, soit des jarrets ou des jambes, et finirait peut-être par se faire désarçonner.

Le pli des genoux liant : Si le cavalier les serrait aux quartiers de la selle, il n'aurait point cette partie libre, et même elle contribuerait à la difficulté de placer ses jambes et de s'en servir.

Les jambes libres et tombant naturellement sous le genou : Comme ces parties servent à deux usages, pour aider et châtier le cheval, elles doivent se trouver placées près de son corps, afin de pouvoir s'en servir sans grand mouvement et sans à-coup.

Les pieds tombant d'eux-mêmes : Il ne faut pas exiger que la pointe du pied soit basse ; elle se trouve naturellement placée quand il n'y a point de force dans l'articulation du pied. Un défaut dans lequel tombent généralement les commençans , c'est d'apporter trop de force dans ces parties ; de là se fait sentir une certaine raideur dans toute la partie inférieure du corps , qui oblige alors la supérieure à se déranger. Un autre défaut encore , c'est celui auquel donnent lieu des instructeurs malhabiles , qui , en faisant tourner la pointe des pieds en dedans , en estropient les chevilles , et s'imaginent que quand les pointes des pieds sont tournées , elles doivent répondre aux hanches ; tandis que cette position de la partie inférieure doit commencer de la hanche.

Lorsqu'on chaussera les étriers, la pointe du pied doit être un peu plus élevée que le talon, afin d'éviter qu'il ne soit trop près du corps du cheval, ce qui arriverait si elle était plus basse que le talon. Le pied doit être placé de manière que la racine du gros orteil soit posée sur le milieu de la grille.

CHAPITRE

CHAPITRE III.

De la Main de la bride, de ses effets et de ses qualités.

LES mouvemens de la main de la bride avertissent le cheval de la volonté du cavalier : il y en a quatre différens, qui sont, baisser la main pour donner au cheval la facilité de se porter en avant, l'élever pour l'arrêter, et la soutenir à droite ou à gauche, pour tourner de l'un de ces côtés ; mais pour que ces mouvemens soient justes, il faut que la main possède trois qualités, qui sont, d'être ferme, douce et légère.

La main ferme est celle dont le sentiment a un rapport parfait avec la sensibilité qui réside dans la bouche du cheval : ce sentiment réciproque détermine le véritable appui que recherche l'homme de cheval ; et il faut avouer qu'il est peu d'hommes qui possèdent la finesse du tact et sachent justement employer le degré de force convenable aux bouches des différens chevaux.

La main est douce, quand elle modère à propos le point d'appui pour donner au cheval plus de liberté.

La main légère est celle qui donne une entière liberté au cheval ; on prend cette position pour le récompenser et lui rafraîchir les barres, qui, pendant ce temps, reprennent leur première sensibilité. Il faut avoir attention de ne s'en servir que quand le cheval est réglé dans son allure, et qu'il se soutient d'aplomb, sans cela il y anrait de l'imprudence de la part du cavalier à lui rendre totalement.

Les qualités de la main consistent donc principalement à sentir plus ou moins, à rendre ou à retenir : on ne peut se servir de la même fermeté, de la même douceur, ni de la même légèreté pour tous les chevaux.

On ne doit jamais franchir subitement le point d'appui, ni passer tout-à-coup de la main ferme à la main légère; c'est faire abandonner le cheval sur les épaules, l'étonner, le mettre dans le cas de gagner la main et de se livrer à ses caprices.

Que ce temps soit pris en sens contraire, c'est-à-dire, que l'on passe de la main légère à la main ferme, on est sûr de causer une surprise, une saccade, une action déréglée capable de gâter une bonne bouche, de fatiguer les jarrets, d'inquiéter, de faire traverser un cheval; et plusieurs leçons suffisent souvent à peine pour le remettre. Il est donc indispensable d'agir toujours moelleusement; mais pour cet effet, il faut que le poignet seul conduise et dirige tous les mouvemens de la main.

C'est d'après ces principes que j'exige que le poignet soit assez ar-

rondi pour que les dernières jointures
des doigts se trouvent placées perpendiculairement au-dessus de l'encolure du cheval. Si votre poignet est
plus arrondi , il serait d'abord es-
tropié; votre main ne pourrait agir,
et les mouvemens proviendraient du
bras : il en serait de même s'il ne
l'était point assez. Une attention que
les instructeurs doivent avoir dans la
position de la main , c'est d'habituer
leurs élèves à tenir le pouce fermé
sur le plat des rênes ; sans cela , elles
glissent dans la main , s'inégalisent ,
et aussitôt le cheval change sa direction ou perd son attitude , et vous
contraint d'avoir la main , qui peut
être libre , occupée à les ajuster. Il
arrive souvent que les cavaliers ont
la mauvaise habitude d'avoir la main
retirée de côté ; par cette position ,
le cheval ne peut jamais être droit.

Cependant l'appui constant et continué dans le même degré de force, émoussé, échauffe, engourdit les parties sur lesquelles le mors et la gourmette se font sentir. Vous remédierez aux défauts qui pourraient en résulter, en rendant la main légère et en usant de ce qu'on appelle *descente de main*: ces moyens peuvent s'employer et à la manœuvre et au travail individuel; mais avant, il faut que le cheval soit égal et bien soutenu dans son allure, si c'est au manége; quand c'est à la manœuvre, il suffit qu'il ne soit point tracassé. Qu'une descente de main soit faite sans attention, et que le mouvement se soit exécuté précipitamment, alors le cheval s'abandonne entièrement sur les épaules, tandis qu'il doit toujours se soutenir léger à la main.

De plus, il faut, pour donner cette liberté, connaître la force des reins et des hanches de son cheval.

CHAPITRE IV.

*Travail des Cavaliers à la longe,
les chevaux sellés et en bridon.*

JE ne puis approuver la leçon donnée aux commençans sur des chevaux
en couvertes ; loin d'accélérer l'instruction , on la recule , parce qu'il
n'est pas possible de faire prendre
une position juste, sur-tout lorsque
les cavaliers roulent continuellement
sur le dos du cheval , et que la plupart sont mus par la crainte qu'ils
ont de tomber. L'expérience prouve
que ces mêmes hommes , montant un
cheval sellé pour l'exercice à la longe ,
ne sont pas moins novices qu'auparavant ; ils ont même contracté de
mauvaises habitudes , plus difficiles
souvent à corriger que s'ils n'avaient
reçu aucun principe. Que les premières leçons soient donc données

en selle ; mais il convient qu'un instructeur ne néglige rien pour en
assurer le succès.

Les reprises de cette leçon peuvent
être composées de trois élèves marchant en file et jamais doublés ; car
il serait difficile de persuader que trois
hommes novices puissent marcher par
rang et sur-tout sur un cercle.

Pour que le cavalier soit bien placé
pendant cette leçon , il devra faire
un quart face en dedans du cercle ;
c'est-à-dire que si le cheval décrit
son cercle à gauche , le cavalier doit
avancer le côté droit , partant de la
hanche droite , le haut du corps un
peu penché en dedans : alors la partie
gauche de l'homme se dénoue , s'as-
souplit , et dans peu vous reconnaissez
l'efficacité de cette méthode.

Quand un cavalier perd sa position , on doit , autant qu'il est possible , la lui faire reprendre sans le

toucher, en lui expliquant clairement ce qu'il doit faire.

L'instructeur, dans ces commencemens, doit faire trotter les chevaux également et au petit trot; il doit sur - tout faire les reprises courtes, et arrêter souvent pour rectifier la position : ce n'est qu'à mesure que ses élèves se fortifient et gagnent de l'assiette, que l'allure doit être augmentée. J'observe qu'il peut encore ici leur apprendre à se servir des rênes du bridon, de la manière d'approcher et de se servir des jambes, de monter à cheval et de mettre pied à terre ; mais il ne faut s'en occuper que lorsque l'on est prêt à les sortir de cette classe pour les faire passer dans une autre.

Le premier but de cette leçon est de commencer à faire prendre la position avant que de s'occuper de la manière de conduire son cheval ; il

doit de plus avoir l'attention de ne
jamais donner de secousses , soit
pour faire passer les chevaux d'une
allure à une autre , ou pour les faire
arrêter*; parce que ces secousses dérangent la position de l'homme , l'in-
timident, et tracassent le cheval, qui
lui - même est toujours tremblant,
dans la crainte de recevoir de pareilles
saccades. Jamais il n'est permis de
s'écarter de ces principes.

----

* Voyez le chapitre et la méthode que l'on
emploie pour conduire le cheval à la *plate
longe.*

CHAPITRE V.

Travail des Cavaliers au large, sans étriers, et les chevaux en bridon.

Il est inutile de nous occuper ici de l'ordre qui doit régner dans une troupe assemblée ; mais nous devons quelques observations sur la manière dont on fait monter à cheval ; je la crois vicieuse, par-là même qu'elle est dangereuse et pour l'homme et pour le cheval. On conviendra, je pense, que plus on fait compter à une troupe de nombres différens, plus les divers commandemens sont difficiles à exécuter, parce qu'un cavalier qui a plusieurs nombres à retenir, prend souvent l'un pour l'autre ; au lieu qu'en se servant des nombres depuis un jusqu'à quatre pour toute espèce de formation ou de fraction, les cavaliers retiennent plus aisément leur nombre, et exécutent, sans crainte de se tromper, ce qu'ils ont à faire.

Comme, dans la manière que nous attaquons, le cavalier est exposé à recevoir des coups de pied en montant à cheval ou en mettant pied à terre ; comme aussi, en la pratiquant, la troupe est livrée à une grande mobilité, il serait plus utile et plus simple de retourner à l'ancienne méthode, qui est la plus facile et la moins dangereuse.

Pour cette leçon, je suppose un peloton de douze hommes de front. En arrivant au manége, un instructeur le formera, l'alignera et le tiendra sous le commandement ; il fera ensuite défiler le premier rang par la droite ou par la gauche, suivant sa volonté. Sitôt que ce rang sera rompu, il portera le nom de *reprise* : on placera à la tête un des cavaliers les plus instruits ; car à quoi sert de placer , comme le veut l'Ordonnance , un instructeur à la tête de chaque reprise ? à rien , sinon à faire aller les élèves plutôt par routine que par principes.

L'Ordonnance veut aussi que l'on forme deux reprises pour travailler ensemble. J'objecterai que la plus grande partie des manéges ne le permettent pas, et que plus il y a d'élèves pour une leçon , plus il est impossible de la bien démontrer. J'avoue cependant que le manége fait par deux reprises, a quelques avantages ; mais il ne convient qu'aux hommes dont l'instruction est très-avancée. Je me renfermerai donc dans le travail d'une seule reprise, comme étant le plus sûr.

Pour défiler *par la droite* , on commande *Par un , marche.*

Dans tous les cas, le premier commandement n'est qu'avertissement ,

et le second est celui d'exécution : à
ce dernier , le premier cavalier de
droite du premier rang se portera
trois pas en avant et droit, en baissant les deux mains et en fermant
également les jambes ; ensuite il
dirigera son cheval à droite pour
arriver sur le mur , en écartant la
rêne droite et en fermant la jambe
du même côté , sans abandonner la
rêne gauche. Successivement tous
ceux qui composent le rang en feront autant. Lorsqu'ils seront tous
en file , les instructeurs s'occupe-
ront de régulariser leur position ; ils
leur feront faire quelques tours de
manége au pas , leur apprendront à
doubler, à changer de main , et leur
feront faire quelques tours au trot,
jusqu'à ce qu'ils soient en état de
comprendre la leçon.

Quand on veut faire défiler les deux
rangs , l'homme de droite du second

rang ne doit se porter en avant que quand l'avant-dernier de la gauche du premier rang est en mouvement, ainsi de suite.

Pour conduire le cheval avec un bridon, il faut un tact différent : c'est dans cette leçon qu'on doit faire connaître l'usage des rênes séparées ; elle prépare l'homme à sentir l'effet de la main de la bride. Il ne suffit point de savoir qu'en écartant la rêne droite, on détermine l'épaule à tourner à droite, et qu'en les tirant toutes deux ensemble, le cheval arrêtera ou reculera : mais il faut faire sentir combien le mouvement d'une main doit s'accorder avec l'autre, et combien les jambes concourent à une juste exécution. Pour cet effet, quand les élèves auront fini la reprise, on leur fera exécuter des *quarts d'à droite*, des *demi à droite*, *des à droite et des demi-tours à droite*. On leur apprendra

à arrêter, à reculer, et on les formera
ensuite au doublement et dédoublement, et à la marche par deux et par
quatre. On doit faire exécuter ces
mouvemens de pied ferme, avant que
de les faire en marchant.

Quand on voudra faire exécuter un
quart d'à droite, on fera arrêter la
reprise, et les instructeurs s'assure-
ront que tous les chevaux sont droits,
ensuite on commandera *Par cavalier,
un quart d'à droite, marche.* Alors
chaque cavalier fera son quart d'à
droite, en écartant la rêne droite et
en fermant très-peu la jambe droite,
l'épaule déterminée; il soutiendra la
rêne gauche, afin de soutenir l'épaule
et l'empêcher d'embrasser plus de
terrain qu'elle ne le doit. On observe que dans ce mouvement, il
n'y a que les épaules qui doivent
mouvoir; les hanches restent sur la
piste. Quand le cheval a obéi, on

relâche la jambe , et on a les deux mains légéres.

Les demi à droite s'exécutent par les mêmes principes.

Lorsqu'un instructeur fait faire des à droite, il doit avoir attention qu'ils s'exécutent de différentes maniéres. Quand on fait un à droite de pied ferme , on écarte la rêne droite , en la ramenant un peu à côté de soi , ayant la main gauche légère, l'épaule dé-terminée ; on fermera la jambe droite pour faire tourner les hanches , et on assurera en même temps la main gauche pour contenir les épaules ; de sorte que la jambe droite du cavalier devient pour ainsi dire le pivot.

J'observerai que dans une reprise qui se tient sur la piste pour faire des à droite de pied ferme , chaque cava-lier doit porter circulairement son cheval deux pas en avant, afin d'éviter que la croupe ne se jette sur le mur.

On doit néanmoins apprendre les élèves à faire un à droite sur un point central, pour pouvoir s'en servir quand ils deviennent un pivot fixe.

Mais quand on veut faire des à droite en marchant, chaque cavalier doit décrire une portion de cercle en avant; et les épaules du cheval doivent, dans ce cas, tourner beaucoup plus que les hanches. Le mouvement fini, le cavalier tient son cheval droit dans les deux rênes; mais si on commande *en avant*, après avoir redressé son cheval, il a aussitôt les mains légères et les deux jambes près pour marcher directement.

Les demi-tours à droite de pied ferme se commandent quand la reprise est déployée sur les grands côtés du manége; alors on commande *Garde à vous, halte; par cavalier, demi-tour à droite, marche.* Alors chaque cavalier exécute d'abord un à droite, arrête un temps son cheval, et achéve de faire son demi - tour par un second à droite. Pour exécuter ce mouvement, on commence à porter son cheval circulairement deux pas en avant pour déterminer les épaules, et on ferme la jambe droite pour faire suivre les hanches.

Pour les demi-tours à droite en marchant, on suivra les mêmes dispositions que pour l'exécution de pied ferme ; au commandement d'exécution, chaque cavalier formera un demi-arrêt, fera son demi - tour à droite, portant son cheval en avant, afin de décrire un demi-cercle et rentrer sur la piste par un demi à droite.

Avant que de faire arrêter une reprise ou une troupe, on doit s'assurer que l'allure est égale et soutenue.

Pour arrêter, on commandera, *Garde à vous*, *halte*. Au premier commandement, on expliquera aux cavaliers ce qu'ils doivent faire pour arrêter juste ; et au second commandement, ils l'exécuteront*.

Pour arrêter, il faut porter le haut du corps un peu en arrière, tirer les deux mains à soi jusqu'à ce que le cheval soit arrêté, le soutenir en même temps des jambes pour qu'il ne recule point ; mais aussitôt qu'il est arrêté, il faut que les mains deviennent légères, et qu'on relâche les jambes. On expliquera qu'avoir les mains légères, ce n'est point tout abandonner aux chevaux. Quand on fait arrêter individuellement sur la

----

* *Nota.* L'instructeur doit expliquer le mouvement qu'il veut faire exécuter à sa troupe, avant que de faire le commandement d'avertissement ; si cependant il oubliait quelques développemens nécessaires à l'exécution, il profiterait de l'intervalle que l'on doit mettre d'un commandement à un autre pour réparer cet oubli.

piste du manége, on doit conserver le pli en dedans ; mais si l'arrêt se fait en troupe, les chevaux doivent être droits dans les deux rênes et dans les jambes.

Il arrive souvent que les commençans arrêtent leurs chevaux en tirant plus sur une rêne que sur l'autre, ce qui fait que les hanches se jettent en dedans ou en dehors, et que les épaules se dérangent également.

Pour reculer, on suit les mêmes principes que pour arrêter. Si un cheval refusait d'obéir, on tirerait alternativement à soi chaque rêne du bridon pour l'obliger à reculer, avec l'attention de rendre à chaque temps qu'il recule ; c'est ce qui s'appelle *scier du bridon*. Il y a des hommes qui, pour faire reculer leurs chevaux, se renversent sur les rênes, sans que ceux-ci veuillent obéir ; c'est faute d'instruction.

Les chevaux qui refusent de reculer quand on scie du bridon, ordinairement s'arment ou s'encapuchonnent, ont les reins, les hanches ou les jarrets trop faibles.

Si, en reculant, le cheval laissait tomber ses hanches à droite, on écarterait la rêne droite, en fermant la jambe droite et en soutenant la rêne gauche, afin de les empêcher de se traverser de ce côté ; mais si les épaules tombaient à droite, on écarterait la rêne opposée pour les redresser. On peut aussi, comme je l'ai déjà indiqué plus haut, redresser les hanches en y opposant les épaules. Pour exécuter ce mouvement, on porte les deux mains du côté où se jettent les hanches.

Lorsque les cavaliers sauront exécuter ce qui est prescrit dans cette leçon, on les fera marcher par deux, par quatre, et former le peloton.

La reprise étant en file, on commandera, *Garde à vous, halte; marchez deux*. A ce commandement, les nombres deux et quatre détermineront l'épaule de leurs chevaux par un quart d'à gauche. Les cavaliers qui se trouveront avoir les nombres un et trois, ne bougeront point. Au commandement de *Marche*, les nombres pairs viendront se former, au pas, à la gauche des nombres impairs, en faisant un quart d'à droite. En doublant sur leur droite, les cavaliers qui viennent se former doivent avoir la jambe droite près en arrivant, afin d'éviter que leurs chevaux ne se jettent à droite : le rang de deux formé, le cavalier de droite se règle sur celui de gauche, et celui-ci gouverne la marche et a soin de conserver la distance et son chef de file.

Pour exécuter ces formations en marchant et au pas, on commandera,

Marchez deux. A cet avertissement,
on doit continuer la même allure
sans tracasser ses chevaux. Au commandement de *Marche*, chaque cavalier qui a le nombre pair vient se
former à la gauche des nombres impairs ; ceux-ci doivent, pendant la
formation, continuer le même pas.
Quand le doublement est fait, l'instructeur fait serrer les rangs ou marcher à distance ouverte. S'il veut faire
serrer les rangs, il le commande, et
alors les cavaliers qui ont la tête de
la colonne, continuent leur marche ;
les autres viennent successivement
se serrer, au petit trot, sur le rang qui
les précède.

L'attention qu'il faut avoir dans
ces serremens de distance, c'est de
mettre son cheval au pas, quand le
rang qui précède vient de prendre
cette allure ; par ce moyen, vous
arrivez tranquillement, et vous pouvez

conserver facilement les deux pieds
de distance que chaque rang doit
avoir de l'un à l'autre.

Pour dédoubler en marchant, on
commande, *Par un*, *marche*. Au commandement d'avertissement, la colonne continue à marcher son allure;
et au second commandement, le cavalier qui est à la droite de chaque
rang, se portera, au trot, quelques
pas en avant; et celui qui est à sa
gauche, formera un temps d'arrêt,
et viendra se former en file derrière
ce premier; ainsi alternativement. A
mesure que se fait ce dédoublement,
on doit alonger l'allure, afin que la
queue de la colonne n'éprouve aucun
retard. Mais si les rangs sont ouverts,
les nombres un et trois continueront
de marcher; les nombres deux et
quatre formeront un temps d'arrêt,
et se mettront en file par un quart
d'à droite. On peut aussi faire porter

les

les nombres impairs en avant, au trot, afin de mettre plus de célérité dans ce dédoublement.

Si une troupe marchant par deux, on veut la faire marcher par quatre de pied ferme, on commande, *Marchez quatre, marche*. Au premier commandement, les rangs qui ont les nombres trois et quatre, exécutent un demi-à gauche par deux, sans se séparer ; au second commandement, les rangs qui ont fait le mouvement préparatoire, se mettent en marche pour venir se placer à gauche des rangs qui ont compté un et deux. Dans le demi à gauche par deux, la file gauche doit, pour ainsi dire, céder à l'impulsion de la file droite ; et la file gauche, à son tour, doit opposer une résistance à la file droite, afin de ne point se séparer, et pour marquer la fin du mouvement. Lorsque les rangs sont formés, l'alignement se trouve à gauche, et la file de gauche de chaque rang devient guide.

Il est utile de faire marcher à rang ouvert, pour habituer les cavaliers à contenir leurs chevaux et à garder leur distance.

Pour faire serrer les distances, on suivra les principes indiqués pour la marche par deux.

Le dédoublement se fait à distances ouvertes ou serrées. On doit le décomposér de pied ferme: on fait alors arrêter la colonne; et si les rangs sont ouverts, au commandement de *Marche*, les nombres un et deux se portent tranquillement, au pas, droit devant eux; et les nombres trois et quatre prennent rang dans la colonne par un demi à droite. Quand ce dédoublement se fait en marchant, la colonne continue la même allure, et les rangs qui doivent dédoubler se portent en avant et au trot, de la longueur d'un cheval, se remettent ensuite au pas ; et les nombres sur lesquels on a dédoublé, se reportent dans la colonne par un demi à droite.

Les instructeurs doivent être attentifs à ce que les cavaliers, lorsqu'ils marchent ensemble, soient droits en selle et fassent face carrément devant eux. On verra, dans les principes d'alignement, pourquoi je réclame cette attention.

CHAPITRE VI.

Former le Peloton.

QUAND la colonne étant en marche par deux, on veut former le peloton de pied ferme, au commandement d'avertissement, les deux cavaliers qui ont la tête de la colonne, et ceux qui doivent former la droite du second rang, ne doivent point bouger ; tous les autres feront un demi à gauche par deux, pour se disposer à marcher chacun obliquement. Au commandement de *Marche*, la troupe se met en mouvement ; le rang qui a la tête de la colonne, se porte quatre pas en avant, et fait *halte*. La file droite de chaque rang doit prendre, pendant cette marche oblique, pour son chef de file, le cavalier de gauche du rang qui le précéde. Quand il est arrivé à la hauteur du terrain qu'il doit occuper dans la ligne, chaque rang s'y porte par un demi à droite. En arrivant sur la ligne, la file droite doit écarter la rêne droite et fermer la jambe droite, afin d'éviter que son cheval ne se jette sur le rang : le second rang vient se former dans le même ordre, en se conservant à deux pieds de distance du premier.

Pour former le peloton en marchant, on suit les mêmes principes, excepté qu'il n'y a point de mouvement préparatoire ; la formation se fait au second commandement.

Si la colonne est formée par rang de quatre, et qu'on veuille former le peloton, on choisira ce moment pour apprendre aux cavaliers à exécuter des demi à droite, des à droite et des demi-tours à droite par quatre ; mais il faut que l'on fasse marcher à rang ouvert.

Au commandement de *Formez le peloton*, les cavaliers qui ont la tête de chaque rang ne bougent point ; tous les autres rangs feront un demi à gauche par quatre : dans ce mouvement, les trois cavaliers de droite de chaque rang de quatre, écarteront progressivement la rêne gauche, et celui de gauche écartera la rêne droite en fermant la jambe gauche, afin de contenir le mouvement. Dans ces demi à gauche, les cavaliers doivent tourner la tête à droite, pour se régler sur l'aile marchante.

Au commandement de *Marche*, le rang qui a la tête de la colonne se portera sur l'alignement désigné, et les autres continueront de marcher obliquement pour venir se former à la gauche les uns des autres. Le cavalier de droite de chaque rang se réglera sur la file gauche du rang qui est devant lui ; et quand ce rang aura

fait son demi à droite pour se former ,
le cavalier de droite du rang qui
suit marquera un temps d'arrêt à son
cheval pour que son rang exécute son
demi à droite , et se porte ensuite sur
l'alignement. Dans cette formation ,
chaque rang doit arriver carrément
sur la ligne sans se presser ni se serrer.
Le second doit observer de plus de
garder sa distance.

Quand la classe qui recevra cette
leçon saura ce qui vient d'être prescrit , on lui fera connaître la leçon
de l'épaule en dedans ; et par suite ,
celle des pas de côté , pour lui apprendre à appuyer de côté et d'autre.
J'observe qu'il ne sera pas difficile de
faire comprendre ces leçons , puisqu'alors les cavaliers montent des
chevaux dressés.

CHAPITRE VII.

Principes d'Alignement.

QUAND on commence à donner des leçons d'alignement, pour le faire d'après les principes, il faut d'abord prendre des alignemens par cavalier, ensuite par deux et par quatre, et enfin par peloton.

Il est essentiel d'accoutumer une troupe à s'aligner à file ouverte : cette méthode oblige le cavalier à se tenir sur ses gardes pour ne pas se jeter à droite ou à gauche, et pour ne pas dépasser l'alignement. Elle accoutume aussi le cheval à oublier la troupe, et lui fait perdre l'habitude de se jeter de côté et d'autre ; par elle encore, les instructeurs donnent beaucoup plus facilement la leçon, et démontrent parfaitement aux élèves en quoi ils ont manqué.

Lorsqu'une troupe n'est point alignée, cela peut provenir de diverses causes, d'abord, parce que les cavaliers n'arrivent point carrément sur la ligne, et que les épaules ou les hanches de leurs chevaux sont jetées ou tombées à droite ou à gauche. Dans ce cas, il faut faire redresser les chevaux qui sont de travers, pour rectifier l'alignement.

Mais il arrive aussi que l'alignement se trouve faux par la faute de celui qui a donné les points ; car ces points ne se rencontrant pas de manière à marquer une ligne parallèle, il est certain que la troupe n'est point alignée relativement au carré du terrain.

Ce n'est pas cependant que l'on ne doive prendre des alignemens sur des lignes obliques ; il est au contraire utile de varier, mais il faut au moins le faire avec connaissance.

Quand il s'agit d'un front très-étendu, il peut se faire que l'alignement pèche dans quelques - unes de ses parties ; mais il est reconnu bon quand le point intermédiaire se rapporte entre celui de droite et de gauche.

Il arrive aussi qu'en faisant aligner une troupe qui a le sabre à la main, une très-grande partie des cavaliers retirent l'épaule droite en arrière ; de sorte que quand ils arrivent sur la ligne, voulant raccorder leurs épaules sur celles du cavalier qui est à leur droite, ils forcent l'alignement ; ce qui peut amener un flottement dans la ligne, et obliger tout ce qui suit de s'y porter au hasard. Que suit-il de là ? qu'à partir d'où la faute a été commise et non réparée, toute la troupe est obligée de reculer pour s'aligner ; et c'est assurément le mouvement le plus désagréable qui puisse arriver.

Pour faire connaître promptement les principes d'alignement, je commence par une reprise, à laquelle je commande de former le rang. J'explique à mes élèves ce qu'ils ont à faire, et je viens me placer devant le rang pour voir arriver chacun d'eux sur la ligne ; je leur explique encore les moyens qu'ils doivent employer pour arriver droit et juste. Cet alignement se prend à file serrée ; mais pour le prendre à file ouverte, je fais porter alternativement les nombres impairs en avant, et de là je trouve mon rang tout formé : je commande au cavalier de droite ou de gauche de se porter en avant jusque sur le point indiqué ; de mon côté, je m'assure que mes points sont parallèles.

Je commande *Par file à droite* ou *à gauche, alignement.* Alors chaque cavalier se met successivement en marche pour se porter sur la nouvelle

ligne. Je me place de même pour voir
arriver chaque file ; et par progression
je fais prendre des alignemens, comme
je l'ai dit plus haut, c'est-à-dire par
deux, par quatre, et enfin par peloton.

Je ne sais si je me trompe, mais il
me semble que ce développement,
ajouté aux principes de l'Ordonnance,
ne fera que contribuer à en assurer
l'exécution avec beaucoup plus de précision et de facilité.

Une troupe, si petite qu'elle soit,
ne doit jamais se former sans que
celui qui la commande ait déterminé des points fixes et extérieurs
pour l'encadrer en quelque sorte, afin
que les points de son alignement
soient immobiles.

CHAPITRE VIII.

III.e LEÇON.

Travail des Cavaliers au large, avec les étriers et les chevaux bridés.

DANS cette troisième leçon, on fera trotter les élèves encore quelque temps sans étriers, jusqu'à ce qu'ils aient gagné la position de la main de la bride : alors on leur fera chausser les étriers ; mais on aura l'attention de les faire porter un demi-point trop court, plutôt qu'un demi-point trop long, parce que, dans les commencemens, le jeune cavalier n'est point habitué à chausser les étriers ; et s'ils étaient trop longs, il se trouverait occupé à obtenir la position de la main, et à chercher de conserver

ses étriers ; ce qui l'inquiéterait continuellement dans sa position.

Dans ces premières leçons, on s'attachera à démontrer les effets de la
main, à ajuster les rênes, à prendre
le bridon et le lâcher ; en un mot, on
fera connaître les différens mouvemens des jambes. On trouvera dans
cet ouvrage les principes relatifs à
l'exécution de ces mouvemens.

Avant de former les élèves à la manœuvre, il faut que chacun d'eux
sache bien conduire son cheval ; on
leur fera exécuter, après les reprises,
les demi à droite, les à droite, les
demi-tours à droite par deux et par
quatre, former le peloton, et vous
les ferez marcher ensuite dans ce dernier ordre, à rang ouvert et à rang
serré. Si le cas exige que le peloton
converse ; lorsque les rangs sont
ouverts, la conversion doit se faire
par rang, afin de pouvoir mieux la

démontrer. A mesure que le peloton se fortifie dans son instruction , on lui fait exécuter quelques petites manœuvres de détail; ensuite on fait converser par peloton à file ouverte et à file serrée, à pivot fixe et à pivot mouvant, et quelquefois sur le centre.

Quand ces élèves sont parvenus à un point d'instruction convenable , on fait passer par degré de force les cavaliers qui en font partie à l'école de l'escadron. J'observe que l'on doit, vers la fin de l'instruction , faire galoper individuellement les cavaliers qui ont fait le plus de progrès. Pour cela , on compose une reprise de ceux qui ont le plus d'aptitude et de connaissance ; et quand ils ont achevé leur reprise de galop , ils reviennent occuper la place qu'ils avaient auparavant.

CHAPITRE IX.

Des Conversions.

Il y a trois sortes de conversions, celle à pivot fixe, celle à pivot mouvant, et la conversion centrale. Dans chacune d'elles, il n'y a qu'une règle, et les principes sont les mêmes pour toutes. Le peu de front que peut avoir une troupe ne l'empêche pas plus de suivre cette règle, que si elle avait le front d'un escadron.

Les conversions à pivot fixe se font toutes les fois qu'une troupe est obligée de se mettre en bataille ou de se rompre par parties pour se former en colonne. C'est de ces pivots que dépend souvent le succès d'une formation quelconque.

L'attention que doit avoir un pivot fixe dans la conversion que doit faire sa troupe, c'est de ne point s'occuper entièrement de ce qui se passe du côté de l'aile marchante. Il doit tourner lui-même sur le terrain qu'il occupe , de manière que les jambes forment le centre de la portion de cercle qu'il a à tracer. Si le cavalier qui conduit l'aile marchante n'a pas donné assez d'étendue à la portion de cercle qu'il doit parcourir à son tour , la troupe est obligée de forcer le pivot. On dit bien qu'il faut se sentir du côté du pivot ; mais il faut s'y sentir légèrement , afin qu'il n'y ait point de jour dans les rangs.

Il y a cinq causes qui peuvent faire manquer une conversion à pivot fixe. Si la troupe est composée de plusieurs pelotons , d'abord quand la colonne arrête et que les guides ne sont point à leur chef de file , il arrivera que chaque troupe exécutera bien la conversion ; mais l'alignement n'en sera pas moins faux. 2.° Quand le pivot

avance ou recule pendant un mouvement, il est certain que si c'est pour
se former en bataille, il oblige son
peloton à forcer ou à être en arrière
de la ligne ; si c'est pour se former
en colonne, alors il serre trop ou il
a perdu sa distance. 3.º Le pivot ne
pouvant résister à l'impulsion de l'aile
marchante, il gagne malgré lui du
terrain opposé à son point : il en
résulte que sa troupe a trop d'intervalle vers l'aile marchante, et que la
troupe qui doit se former à sa gauche,
n'a point de place pour s'emboîter ;
ce qui donne lieu à un mouvement
désordonné, qui se fait sentir dans
toute la partie opposée de la troupe
vers laquelle il s'est fait. 4.º Une conversion est manquée, lorsque pour
se mettre en colonne, l'aile marchante embrasse trop de terrain, et
que le rang, au lieu de se sentir du
côté du pivot, gagne vers le côté

opposé : le pivot suit ordinairement, et souvent sans s'en apercevoir, le mouvement qui vient de l'aile marchante ; d'où il arrive que cette troupe est hors de la ligne perpendiculaire, et que si elle se trouvait en tête, elle pourrait jeter la colonne sur une ligne oblique et l'obliger de faire un mouvement défectueux. 5.º Enfin, un pivot fixe peut encore faire manquer une conversion, quand il n'a pas le soin de faire ranger les hanches de son cheval, afin que l'aile de la troupe qui doit s'emboîter sur lui, puisse le faire. Souvent, faute de cette attention, des cavaliers restent en arrière des rangs ; et pour y rentrer, ils causent une mobilité contraire à la belle exécution d'une manœuvre.

Dans les conversions à pivot mouvant, le même désordre peut être amené par la faute du pivot. L'attention particulière qu'il doit avoir, est de décrire régulièrement sa portion de cercle, régler son allure sur le mouvement de l'aile marchante, se conserver dans la direction de son chef de file, et savoir observer sa distance.

Pour qu'une conversion à pivot mouvant soit bien exécutée, il faut que la troupe ne la commence qu'au commandement de son chef; que le cavalier qui l'entame, prenne une circulaire qui ne puisse obliger son rang à s'ouvrir, se resserrer, ou à forcer le pivot. Pendant la durée de la conversion, chaque rang, à l'exception du pivot, tourne la tête du côté de l'aile marchante, afin de graduer l'allure des chevaux et pouvoir se tenir aligné. Dans ces deux conversions, il faut que le premier rang se sente du côté du pivot, en soutenant la main un peu de son côté, et que le second rang se sente du

côté de l'aile marchante , en soutenant la main et en portant même un
peu l'épaule de ses chevaux de ce
côté.

Quoique la conversion sur le centre
ne s'exécute plus guère , cependant
elle est encore quelquefois mise en
usage, quand on veut changer le front
d'une troupe sans en changer l'ordre.
On ne peut ou on ne doit au moins
exécuter ce mouvement qu'avec beaucoup de lenteur , et jamais sur un
front qui passe vingt-quatre files ,
parce que le mouvement circulaire
qu'une partie de la troupe a à tracer
en reculant , gâterait les jarrets des
chevaux.

Pour converser sur le centre, les
deux cavaliers du centre forment le
pivot. Si la conversion se fait à gauche, l'aile droite fait sa portion en
avançant , et l'aile gauche en reculant. Pendant ce mouvement , les

cavaliers doivent avoir la tête tournée du côté du centre, afin de pouvoir régler leur marche. L'aile marchante se gouverne toujours sur celle qui recule ; et celle-ci doit mettre beaucoup de précaution à parcourir en arrière sa portion de terrain, afin de ménager les jarrets de ses chevaux.

Si, dans les conversions imparfaites, la cause procède souvent de l'inattention des pivots ou des ailes marchantes, il faut convenir aussi qu'elle vient quelquefois des commandans qui sont à la tête de la troupe : en effet, si le commandement est fait trop tard, les distances se perdent, et il faut augmenter l'allure pour les regagner ; et ce retard cause une désunion dans le reste de la colonne. Le commandement se fait-il trop tôt, le peloton se rejette en dedans de la ligne et donne une fausse direction, sur-tout quand c'est le premier qui a donné lieu à ce mouvement. Souvent aussi les commandemens d'*En avant* se font trop tôt ou trop tard, ce qui dérange la direction de la colonne.

Une attention qui échappe assez fréquemment, c'est lorsque la conversion se fait sur un front étendu : le commandant qui se trouve au centre, voulant gouverner le mouvement de son aile marchante, tourne la tête de droite à gauche pour tenir ensemble sa troupe ; et pendant ce temps, il retient involontairement son cheval, qui oblige le centre de sa troupe à rester en arrière. L'aile marchante alors raccourcit insensiblement sa portion de cercle, et quand il s'agit ensuite de porter la troupe en avant, le centre se trouve pressé par les deux ailes ; il est obligé de rentrer en ligne par à-coup. Quelquefois aussi il est forcé de rester en arrière, ce qui fait le

plus mauvais effet. Il est donc bien
essentiel pour celui qui commande,
de n'avoir point à s'occuper de son
cheval. dans une manœuvre.

Chapitre

CHAPITRE X.

Travail des Instructeurs.

C'EST sur-tout devant ceux qui sont destinés à l'enseignement, qu'un instructeur en chef doit dérouler tous les moyens qui peuvent les conduire sûrement à leur but. L'art ne doit avoir rien de caché pour eux ; tout ce qui peut tendre à en former des hommes de mérite, doit leur être révélé, expliqué. Je ne m'arrèterai point à indiquer l'ordre du travail, ni la manière de faire l'application des principes que j'établis. Il sera facile d'enseigner avec agrément : je me borne donc à retoucher la course des têtes, et à expliquer quelques évolutions d'agrément.

Choix des chevaux pour les Instructeurs.

Les chevaux dressés sur lesquels les instructeurs prennent leçon, ne

suffisent point pour les perfectionner ;
il sera bon de leur en donner qui
aient des défauts ou des vices pour
servir aux leçons extraordinaires.
L'instructeur en chef s'attachant alors
à un seul individu, peut employer
tout ce que l'art et l'expérience ont
découvert, à l'effet de corriger l'a-
nimal vicieux. J'ai reconnu que les
leçons données séparément aux élèves
qui montaient ces chevaux, leur
étaient infiniment profitables ; elles
contribuent aussi à les affermir et à
leur faire en quelque sorte palper la
vérité des principes et les progrès de
la leçon.

CHAPITRE XI.

De la Course des têtes *.

LA troupe destinée à courir les têtes, doit être partagée en deux pelotons. En arrivant au manége ou à la carrière, le premier se porte à l'une des extrémités, et le second se place à l'autre. Ces deux troupes doivent se faire face.

Les têtes qui doivent servir à la course seront au nombre de huit, disposées le long des grands côtés

---

* Vers la fin de 1785 , je fis la théorie de cette course ; j'en confiai le manuscrit à un officier qui le copia et en fit son profit ; de sorte que quand l'Ordonnance de 1788 parut, je fus surpris d'y trouver mot-à-mot ce que j'avais fait. L'expérience m'ayant prouvé depuis que j'avais commis quelques fautes et fait beaucoup d'omissions , j'ai tâché de corriger les unes et de réparer les autres.

du manége , en dedans de la piste ;
on en placera quatre de chaque côté ,
à la hauteur de cinq pieds et demi
environ , et non à la hauteur d'un
homme monté , car alors le coup ne
pourrait jamais porter justement sur
les têtes. Elles seront également espa-
cées entre elles , observant que les
plus près de la troupe soient éloignées
de douze ou quinze pieds , suivant la
longueur du terrain. On placera les
premières têtes , l'une presqu'à hauteur de l'aile gauche de la troupe qui
est formée dans le fond du manége ,
et l'autre à même hauteur et sur la
ligne opposée à la gauche de la troupe
qui se trouve dans le bas. Successivement les secondes , puis les troisiè-
mes, qui sont les têtes du pistolet , et
enfin les quatrièmes , qui sont celles
de la pointe. Il doit y avoir à ces dernières un petit piton , en dessous de
la tête , qui entre dans le chandelier ,

afin de former une résistance pour que la pointe du sabre puisse entrer.

La troupe et les têtes étant ainsi disposées, le cavalier de l'aile gauche de chaque rang se détachera du rang ; et en arrivant sur la piste, il mettra le pistolet à la main, l'armera, l'élèvera le bout en haut, le poignet à hauteur et à un demi-pied de distance de l'épaule droite, la sous-garde en avant. Au commandement, *Marche*, les deux cavaliers partiront au trot, et feront passer de suite leurs chevaux à l'allure du galop, en se réglant l'un sur l'autre ; et quand ils arriveront à hauteur de la tête de revers, ils ajusteront leur coup sur la tête d'osier, et feront feu : ils replaceront ensuite le pistolet dans la fonte, et mettront le sabre à la main.

Quand ils auront passé derrière les rangs, et qu'ils se trouveront sur la ligne du milieu du manége dans sa

largeur , ils prendront un doubler
en se laissant chacun sur leur droite.
Arrivés à même hauteur , ils croise-
ront le sabre et tourneront l'un autour de l'autre , regagneront ensuite ,
en portant le sabre à l'épaule , la piste
qu'ils avaient quittée , et cela sans
changer de direction. Lorsque ces cavaliers seront arrivés au second coin ,
ils élèveront le sabre , comme le fait
le second rang dans la charge , pour
en donner à la première tête un coup
vertical de toute la force et de toute
l'étendue du bras : ils reporteront le
sabre , la poignée contre et au-dessus
du teton gauche , la lame perpendiculaire , pour se disposer à abattre
d'un coup de revers la seconde tête ,
en étendant le bras horizontalement.
Ils placeront ensuite le sabre sur une
ligne horizontale , le tranchant de la
lame en dehors , la pointe dirigée sur
la quatrième tête , le poignet tourné

un peu en quarte, le coude détaché
du corps, et plus élevé que le poignet.
Après avoir pris ou manqué la tête,
ils porteront le sabre dans la même
position que pour le présenter, s'ar-
rêteront droit quand ils seront arrivés
au premier coin, remettront le sabre
et se placeront à la gauche du second
rang, s'il y en a deux ; et s'il n'y en
avait qu'un, ce serait à la droite.

Pour courir les têtes, il faut avoir
beaucoup de sang-froid, savoir tenir
son cheval droit et uni dans son allure. Si la course se fait au galop, on
doit le faire partir sur le bon pied, et
savoir aussi régler sa marche sur celle
de son adversaire, afin de mettre de
l'ensemble. Enfin il ne faut pas se
presser quand on veut porter ses
coups ; on doit arriver tranquillement
sur la tête, sans chercher à l'atteindre
avant qu'elle ne soit à portée : car
vous pourriez manquer votre coup,

et, par la force que vous mettez à le lancer, estropier votre cheval.

Pour prendre la tête de pointe, n'allez pas, en alongeant le bras, trop hâter votre coup, car vous la manqueriez : mais portez-vous tranquillement dessus ; et lorsque vous sentez entrer la pointe de votre sabre, baissez le coude et élevez le poignet sans à-coup ; c'est un sûr moyen d'enlever la tête.

Cette course est aussi agréable qu'instructive ; mais le cavalier doit y apporter toute la grâce et l'aisance dont il est susceptible ; et sur-tout il ne doit point mener trop durement son cheval.

CHAPITRE XII.

Evolutions d'agrément.

J'AI considéré ces évolutions plutôt sous le point de vue de leur utilité que sous celui de l'agrément ; mais je puis assurer que l'homme qui les connaît, saura conduire son cheval avec plus de facilité et se servir de son sabre avec plus d'avantage. Je pense que non-seulement les instructeurs, mais même tous les sous-officiers, doivent les apprendre.

Pour exécuter ces évolutions, on forme deux pelotons de douze files de front chacun, commandés par deux officiers et deux sous-officiers de serre-file. Lorsque cette troupe est rendue sur le terrain, l'instructeur en chef fait mettre le sabre à la main et déployer chaque peloton par file,

pour former deux reprises , quand le
terrain le permet ; s'il n'avait point
assez d'étendue , on diminuerait le
front des pelotons pour faciliter les
deux reprises , et de manœuvrer sur-
tout par file.

La première attention que doivent
avoir les conducteurs de chaque reprise , c'est de régler leur allure de
manière à arriver ensemble sur tous
les points du terrain : les commandemens qui leur seront faits doivent
ensuite les occuper particulièrement.

Les deux reprises étant formées ,
l'instructeur en chef , après quelques
tours de manége , commande *Au trot* ,
marche; et lorsque les deux reprises
sont chacune sur une ligne , il commande , *Chargez.* A ce commandement , chaque cavalier fait un à gauche et se porte en avant , passe dans
l'intervalle qui se trouve devant lui ,
en laissant la file qui marche avec lui

parallélement à sa gauche ; et lorsque ces reprises se sont portées sur la ligne opposée , on commande *Par file à gauche, en avant*, et on se retrouve sur la même main. Veut-on changer de direction par ce mouvement, au lieu de commander un à gauche, on commandera un à droite ; mais il faut prendre garde que dans ces sortes de changemens de direction, la marche devient inverse.

Quand les cavaliers passeront sans hésiter les uns à côté des autres , on leur fera croiser le sabre en passant , et par suite on leur fera faire *des à droite et des demi - tours à droite* par deux ; alors au commandement *Chargez*, au lieu de passer dans les intervalles sans s'arrêter, ils élèvent le sabre ; et lorsqu'ils arrivent à la hauteur de leurs adversaires, ils s'arrêtent et font ensemble un demi-tour à droite en croisant les lames : quand il est achevé , on commande *En avant ;* et ils se portent chacun pour leur compte sur la ligne qu'ils viennent de quitter, afin de continuer la reprise sur la même direction.

Veut-on changer de direction dans la longueur du manége , on fait le commandement assez à temps pour que les têtes des reprises puissent tourner ensemble sur la ligne du milieu ; alors le cavalier qui conduit la reprise fait un *à gauche ,* se porte directement en faisant haut le sabre , et successivement tous les autres. Arrivés à l'autre extrémité , ils changent la direction par un *à droite.* On peut aussi arrêter ces reprises lorsqu'elles sont déployées sur les grands côtés , et leur faire exécuter des à droite et des demi-tours à droite , ou , après les avoir arrêtées , les faire marcher en avant.

Pour changer de direction obliquement, on commande, lorsque la tête des reprises sort du second coin, *Changez de main*. On entame alternativement, et l'on ferme, comme il est dit. Mais si on veut faire prendre un changement de main par chaque cavalier sur la longueur du manége, il faut attendre que les reprises soient déployées sur cette ligne ; alors on commande *Changez obliquement de direction à gauche* ou *à droite*. A ce commandement, chaque cavalier exécute son demi à gauche ou demi à droite, pour se porter obliquement sur la ligne opposée, en suivant les mêmes principes que pour le changement de main successif.

OBSERVATIONS.

Dans le commencement qu'on apprend ces évolutions à ses élèves, on doit les démontrer de pied ferme, ensuite au pas, afin de leur donner le temps de les comprendre, ensuite au trot et de là au galop.

Toutes les fois que l'on veut faire charger, doubler ou changer de direction, dans ces sortes d'évolutions il est indispensable de se tenir à ses distances et à ses chefs de file. Quand les cavaliers se chargent, se traversent ou passent à côté les uns des autres, de quelque manière que ce soit, excepté cependant pour les doublers et changemens de main, ils doivent, en s'approchant, faire haut le sabre, lorsqu'ils s'entre-choquent ; à mesure qu'ils se sont dépassés, ils reportent le sabre à l'épaule.

Lorsqu'on fait travailler deux reprises ensemble, et qu'on veut faire doubler, il faut, si les reprises marchent à gauche, qu'elles se laissent sur leur droite ; et si elles marchent à droite, qu'elles se laissent sur leur gauche.

Pour aller en cercle , on suit les mêmes principes que pour doubler ; mais si l'instructeur ne veut faire décrire qu'un cercle des deux reprises, il fait son commandement assez à propos pour qu'elles se trouvent à la queue l'une de l'autre.

Évolutions par deux et par quatre.

Les instructeurs sachant exécuter les évolutions par file , on les leur fait exécuter par deux. Au commandement *Chargez* , les files qui sont en dedans de la carrière, feront un à gauche , se porteront en avant, et les files de dehors ne tourneront que quand celles de dedans leur auront donné la facilité de le faire ; en sorte que dans ce mouvement ce sont les files paires qui chargent les files impaires de chaque rang. Si l'instructeur veut simplement faire charger , les files doivent se laisser sur leur gauche ; mais s'il commande des demi-tours à droite, alors chaque cavalier vient passer à la droite de celui avec lequel il doit tourner.

Pour doubler par deux , on emploie les mêmes principes que par file ; mais quand le terrain le permet , on double en passant les uns à côté des autres : par exemple , l'instructeur voulant faire prendre un doubler long , il commande *Doublez* , quand la tête de chaque reprise arrive sur la grande ligne du milieu , afin que la tête de chaque colonne puisse se rencontrer : à ce commandement , chaque reprise entame le doubler en s'ouvrant réciproquement un peu à droite et à gauche pour donner la facilité aux files gauches de la première reprise de passer à la gauche des files droites de la seconde, et aux files gauches de la deuxième , de passer à la gauche des files droites de la première. Quand on veut faire des demi-tours à droite par deux, les files des deux reprises passent à la droite les unes des autres ; et sitôt que la tête de l'une est arrivée à la queue de l'autre, chaque cavalier exécute son demi-tour à droite avec son adversaire ; ils tiennent, pendant ce mouvement, le sabre haut et croisé près de la monture. On commande ensuite *En avant*, pour retourner sur la ligne d'où l'on est parti, et on tourne à gauche pour rentrer sur l'ancienne direction. Cependant il faut faire attention que dans ce mouvement, et toutes les fois que vous en faites faire de semblables, les files se trouvent inverses ; pour les remettre dans l'ordre naturel, il suffit de ramener les reprises sur la même ligne, et leur faire exécuter un second demi-tour à droite. On peut aussi éviter de tomber dans l'ordre inverse ; en faisant deux demi - tours de suite , alors on se retrouve sur la ligne que l'on a entamée , et on continue de marcher sur l'ancienne direction.

Pour aller en cercle et former quatre circulaires , dont deux soient opposées , on choisit l'instant où la tête des colonnes est à la même hauteur , et on commande *En cercle* ; alors chaque reprise entame le cercle , et chaque file gagne du terrain à gauche et à droite pour passer entre elles , et se laisser mutuellement à leur gauche.

Il n'est guère possible d'aller en cercle de cette manière dans un manége ; il faut une carrière , afin d'éviter les chocs qui se rencontreraient dans un terrain plus resserré.

On fait ensuite marcher quatre ; le doublement étant fait , chaque rang marche à distance ouverte , et se tient

nn pas de plus en arrière que la distance ordinaire , pour qu'il n'y ait
point d'obstacle aux conversions.
Quand les colonnes sont arrivées
presqu'à même hauteur , on commande *Par quatre à gauche* ; alors
chaque rang fait un à gauche ; et au
commandement *En avant* , ils s'y
portent en effet , en passant dans les
intervalles qui se présentent : aussitôt qu'ils se sont traversés , ils se
remettent en colonne par un à gauche.
Lorsque les rangs font un à gauche,
on peut les faire converser ensemble,
en commandant *Conversez à gauche* ;
mais si les rangs ont fait à droite,
ils doivent converser à droite, autrement le mouvement serait inverse :
les cavaliers qui servent de pivots,
croisent les lames , tandis que les
autres font haut le sabre comme le
fait le second rang.

Dans tous les changemens de direction, on peut faire converser tous les rangs, soit qu'ils passent les uns auprès des autres, ou qu'ils en passent éloignés.

Quand les deux colonnes se trouvent sur une ligne parallèle à chacune, on commande *Par file, chargez*. A ce commandement, les files gauches de chaque rang, et successivement toutes celles qui les composent, font un à gauche, se portent en avant et viennent charger les files de la colonne opposée. J'observe qu'elles doivent se laisser à droite, afin de pouvoir tourner ensemble. Dans ce mouvement, ce sont les files gauches qui chargent les files droites du rang adversaire, et ainsi de suite. Au commandement *En avant*, chaque file se replie sur sa droite ou sur sa gauche, suivant l'ordre dans lequel on marche, ou selon que le commandement sera fait ; les rangs formés, ils continuent de marcher sur la direction qu'ils se trouvent.

Evolutions par pelotons.

Les colonnes étant en marche par quatre , on commandera *Formez les pelotons , marche* : à ce dernier commandement, la tête de chaque colonne se porte sur l'alignement et fait halte; chaque rang vient se placer comme il a été expliqué.

On fait travailler les pelotons séparément, et les commandans de chacun d'eux doivent régler leur marche l'un sur l'autre, afin que les différens mouvemens puissent s'exécuter en même temps.

On fait changer de direction et converser ensemble ces deux pelotons , quoique séparés : lorsqu'ils se trouvent presqu'à même hauteur, on commande *Conversez à gauche ;* et chaque peloton fait son à gauche, se porte en avant pour joindre l'aile gauche du peloton opposé. On peut faire converser plusieurs tours de suite dans cette évolution. Les deux ailes gauches servent de pivots aux deux troupes. Quand on veut faire cesser ce mouvement, on commande *En avant ;* chaque troupe se porte droit devant elle.

Dans les changemens de direction oblique, on peut également converser en passant.

Quand les pelotons sont en marche, on les place par un à gauche sur un alignement déterminé ; on commande *Pelotons, halte ;* ensuite, *A droite, alignement.* Les pelotons, par ce moyen, se trouvent bien sur la même ligne ; mais ils font face du côté opposé l'un à l'autre : leur gauche est appuyée réciproquement l'une sur l'autre. Cependant on doit conserver un intervalle assez étendu pour pouvoir faire un déploiement par file.

Les troupes ainsi placées, on commande *Par le flanc gauche, chargez.* Au premier commandement, les cavaliers tournent la tête à gauche; et au second, les files gauches de chaque rang font un à gauche, se portent en avant, et successivement tous les autres cavaliers. Il faut avoir soin, dans ce déploiement par file, d'appuyer à droite et à gauche pour passer à la droite les uns des autres. Lorsque les cavaliers de gauche sont arrivés à hauteur des cavaliers de droite du peloton opposé, ils font un demi-tour à droite; ensuite on fait le commandement *En avant.* Les cavaliers mettent leurs chevaux droits, et ceux de droite de chaque troupe ouvrent la marche, se portent directement devant eux, jusqu'au commandement de *Front, halte,* ou *en ligne.* Au premier commandement, les cavaliers qui ont la tête de la colonne feront front par un à droite , et immédiatement tous les autres. Si au contraire on voulait faire continuer la marche, on commanderait *En ligne;* à ce commandement, les files droites de chaque rang , continueront de se porter en avant; les autres files viendront se former dans le même ordre.

Quand on veut faire charger les pelotons l'un sur l'autre, on les dispose à chaque extrémité du terrain, se faisant face. On commande *Garde à vous pour charger;* à cet avertissement, le chef de peloton commande *Nombres impairs du premier rang en avant,* et *Nombres pairs du second en arrière* *. Après ce mouvement prépa-

---

* Je suppose que ce mouvement s'exécute de pied ferme ; mais s'il se fait en marchant, les files qui doivent se porter en avant déboîtent au trot, et celles qui doivent reculer ralentissent leurs chevaux pour se trouver en

ratoire ,

ratoire , il fait prendre à chacun ses chefs de file , de sorte que les nombres deux et quatre de chaque rang marchent derrière les nombres un et trois. L'instructeur en chef commande *En avant , marche :* chaque troupe se met en mouvement ; et après avoir parcouru une certaine étendue , il commande *Chargez.* Alors on traverse les intervalles , de manière que chaque file se laisse sur sa droite ; et lorsque les nombres un du premier rang arrivent sur les nombres deux du second rang de la troupe adversaire , et que les nombres trois également du premier rang se trouvent à hauteur des nombres quatre du second rang, ils exécutent ensemble des demi-tours à droite. D'après ce mouvement , la marche est rétrograde , et l'ordre est inverse : il faut donc pour

arrière , et toutes ces files doivent se placer immédiatement à leurs chefs de files.

reprendre l'ordre naturel, faire exécuter individuellement un demi-tour
à droite. Pour achever ces petites
manœuvres, on fait mettre les deux
pelotons en bataille, pour les faire
charger à rangs et files serrées.

FIN.

TABLE
DES MATIÈRES.

------

de leurs défauts et de leurs beautés. 24

14 *

FIN DE LA TABLE.

DU CENTRE DE LA LUNE AU SOLEIL ET AUX ÉTOILES.

	À 12 HEURES.	À 15 HEURES.	À 18 HEURES.	À 21 HEURES.
	D. M. S.	D. M. S.	D. M. S.	D. M. S.
	102. 28. 12	113. 55. 4	105. 22. 16	106. 49. 49
	114. 12. 42	115. 42. 22	117. 12. 24	118. 42. 51
	52. 22. 17	53. 56. 32	55. 31. 9	57. 6. 5
	65. 6. 7			
	28. 28. 7	30. 4. 48	31. 51. 54	33. 19. 26
	41. 33. 40	43. 13. 50	44. 54. 26	46. 35. 29
	55. 7. 21	56. 51. 3	58. 35. 9	60. 19. 43
	69. 8. 44	70. 55. 45	72. 43. 7	74. 30. 54
	29. 33. 25	31. 22. 20	33. 12. 33	35. 3. 3
	44. 19. 19	46. 11. 13	48. 3. 15	49. 55. 28
	59. 18. 16	61. 11. 3	63. 3. 51	64. 56. 39
	28. 26. 1	30. 18. 32	32. 10. 57	34. 3. 13
	43. 22. 9	45. 13. 31	57. 4. 20	48. 55. 4
	58. 4. 59	59. 53. 57	61. 42. 46	63. 31. 17
	72. 29. 0	74. 15. 33	76. 1. 46	77. 47. 39
	86. 31. 56	88. 16. 47	89. 59. 16	91. 42. 25
	100. 13. 9	101. 54. 19	103. 35. 9	105. 15. 41
	65. 53. 10	67. 11. 26	68. 29. 53	69. 48. 32
	76. 23. 25	77. 42. 31	79. 1. 36	80. 20. 39
	86. 54. 54			
	39. 7. 28	40. 26. 26	41. 46. 4	43. 6. 20
	49. 55. 2	51. 17. 52	52. 40. 58	54. 4. 15
	61. 3. 21	62. 27. 31	63. 51. 45	65. 16. 2
	39. 59. 41	41. 20. 31	42. 41. 27	44. 2. 28
	50. 48. 57	52. 10. 34	53. 32. 18	54. 54. 10
	61. 45. 32	63. 8. 16	64. 31. 11	65. 54. 17
	72. 52. 40	74. 17. 7	75. 41. 42	77. 6. 34
	84. 14. 43	85. 41. 13	87. 8. 1	88. 35. 10
	95. 55. 44	97. 24. 53	98. 54. 25	100. 24. 20
	36. 57. 56	38. 34. 20	40. 11. 8	41. 48. 21